给亲爱的你

一天比一天更贴近
自己，活出真正的你!!

♡
德蕾

如果你不像我一样顽固愚昧的话，

　　就可以借《活出全新的自己》里面两个主人公的故事，

　跟着他们的经历一同成长，而无须自己去亲身受苦。

当我最终愿意谦卑地向命运低头鞠躬的时候，

我就解脱了，我就自由了，

心里是前所未有的解放和自在。

张德芬 著

活出全新的自己

（全新修订版）

湖南文艺出版社
HUNAN LITERATURE AND ART PUBLISHING HOUSE

博集天卷
CS-BOOKY

目录
Contents

● 新版序

第二部

疗愈
受伤
的你

回观你的黄庭，看清你的恐惧只不过是胸口气血的波动而已。跟它和平共处，不要抗拒，不要打压，不要转移，不要深呼吸，就是跟它好好在一起。

记住，每当生活出现问题，或是有负面情绪升起时，都是一个大好机会，可以帮助你进一步发掘你的旧伤，进而让你看到你真正的面目。

宇宙就是众神的游戏，地球就是一个游乐场。

人与人之间的交往很多都取决于能量的问题，所以，你光从表面上下手来解决问题是没用的。

新版序
对无意识的程序说"不"

《活出全新的自己》又再版了，灵性成长三部曲：《遇见未知的自己》《遇见心想事成的自己》《活出全新的自己》这三本书，让我在身心灵作家行列中的地位始终不衰，真的是非常感恩。虽然《遇见未知的自己》已经成为身心灵经典入门作品，其实我个人偏好的还是这一本，因为这本书其实最深入，最有疗愈性，并且和我近年来经历一些课题之后的感受完全一样——我们当前生活出现的所有问题，其实都和我们原生家庭有关。

我以前在演讲时曾经说过，我们现在生活中面临的所有问题，几乎都可以追溯到和父母的关系。后来，当我检视我生命中的一些问题时，我发现我基本上已经疗愈了所有的关系，就是亲密关系不行。但是分明现在我和父母的关系极好，他们无条件地支持我，爱我，我也对他们非常好，非常满意。

问题在哪里呢？我追溯我失败的亲密关系的模式，发现一个基本的问题：当我小的时候，妈妈过得非常辛苦。而我是一个敏感多情又忠心的孩子，而且很有承担能力，因此，当时我做了一个决定：妈妈，我要为你承担你的痛苦，我要拯救你，让你快乐。这个决定，只是我小时候面对所有情况而做的决定之一，它成了我生命中的一个程序，不停地在无意识的层面操控我的生命。

我们的一生会有很多不同的程序，发现它们是改善的第一步。怎么去发现它们呢？最简单的方法就是去看看你现在生命当中，哪些事情是困扰你的，哪些东西是你想要又得不到的。因为宇宙总是回应我们内心真实而恳切的需求，所以没有理由我们无法得到自己想要的东西。本书中的幸雄和向东，显然生命都出现了一些不愉快和危机，追本溯源，其实还是和他们与父母的未完成的事情有关。

话说回来我自己的状况，虽然现在我的母亲非常幸福，住在我给她买的舒适的房子里，我爸爸对她很疼惜，我和哥哥也都住在附近，对她非常孝顺。她自己非常积极地参与教会事务，日子充实有趣而幸福。虽然年轻时候吃过的苦，会时不时冒上来让她有一些怨气、恶言、挑剔，但总的来说，她对自己目前的生活非常满意，称得上是幸福的。

我成功地拯救了母亲吗？其实没有。因为母亲当年以一个孤女身份嫁到一个大家族，父亲当时对她并不好（年轻时脾气很坏、自私又爱玩），家族人也不是很尊重她，她没有机会受教育，没有一技之长，也没有任何依靠，相当没有安全感，加上自己敏感多疑，非常悲苦。那个看着她受苦的小女孩，那个想要拯救母亲、让母亲快乐的小女孩，当年

没有成功地完成她的任务。

小女孩长大了，和母亲也有些争执、龃龉，离家了，结婚了，有了自己的孩子。但是那个能量还在我身体里，记忆在我的细胞中。虽然后来和母亲关系修好，相处融洽，但是小时候那个和父母未完成的事件，总是会以不同的面貌，在我生命不同的阶段，以类似当年的情境般地展现出来。

当年的小女孩，依偎在妈妈身边，看着妈妈，也希望妈妈看见她。但是，每当妈妈心情不好的时候，她会切断与女孩的情感联结。女孩年纪小，需要妈妈，更需要妈妈的关注和感情联结，否则她就有面临死亡的不安全感。在亲密关系中，我们都会无意识地进入掌管我们直觉反射的爬虫类的脑袋中（这是科学研究证实的），把爱人当成小时候的父母，继续和他完成我们未完成的课题。

于是，在外面成熟、睿智、大度、风趣的人，在爱人面前可能成为一个蛮横又不讲理的小女孩，而且极端需要关注，不给爱人留一丝的空间。男人也可能如此，在职场上应对得体、专业干练，但回到家里就是用孩子的心态面对自己的爱人。

出路是什么？对我而言，就是去重新经历那个小女孩当年没有成功拯救母亲的痛、不安全感，以及羞愧、不甘心。我在合一大学修行的过程中，放下防卫，回到自己内在，去感受当年母亲的辛苦和伤痛，进而看到并且经历那个小女孩撕心裂肺的痛苦。一旦好好地把当年压抑或是不敢去感受的痛好好经历一遍，你就不再受无意识的程序宰制了。你看得见它，可以对它说："不！"

书中幸雄和向东的经历也是如此，在机缘巧遇之下，他们分别获得了帮助，进而有资源、有能力、有空间去感受自己小时候的痛，愿意去面对、整合、接纳，也因此走出了人生的阴霾，携手共创美好的人生。

再举几个例子吧。有个朋友小时候被父亲百般怜爱地养大，但是后来有一些误会，让她开始疏远父亲，不接受他给予的爱。而在日常生活中，她却情不自禁地会被年纪看起来比较大，让她能够崇拜爱慕的人吸引。然而因为这个和父亲未完成的事件，她总是得不到她想要的男人，只能遥望，不能拥有。她要做的是：在一个安全、支持的环境下，重新去经历当年和父亲冲突、误会、争吵背后的那个痛，从而原谅父亲，也原谅自己，修复好和父亲的正常关系，那么她就可以作为一个正常的女人，去享受她应得的爱情了。

还有一个女孩则是有一个特别严厉、冷酷的军人父亲，所以长大以后，她不自觉地老是找比她年纪大，而且对她冷漠的男人。任何男人，只要稍稍"示暖"，就会被她拒于门外。这个女孩要做的，就是真正地去看见她的父亲，一个冷漠、无法表达自己感情的男人，他也许一点都

不完美，没有给你小时候需要的那种爱，但现在你长大了，可以放下对父亲的依恋和忠诚，找一个会爱你的男人。如果能够接受小时候不被爱、被疏离的那种痛苦，好好地流泪哀悼，并且认真地和那个模式说再见，那么，就有重新找到幸福人生的可能性。

很多人逃避面对自己的父母关系，就像把头藏在沙堆里的鸵鸟一样。但是，当生命的痛苦情境来临，为你带来无法面对的伤痛和麻烦的时候，去修复父母关系是最好、最根本的方法。本书中的诸多方法、工具，就是协助大家穿越这片危险丛林的最佳伴侣，希望朋友们能够切实去实行。而我自己，也是每天都在面对、实践、失败、挫折、振奋、再接再厉地不断在修，所以亲爱的，这条道路不寂寞，我们是互相为伴的。

唤醒
沉睡中
的你

其实观察情绪最简单的方法就是去观察
你的身体，因为情绪其实就是身体对你
思想的一个反应。

Living an Inspired
Life-awakening,
Healing and Creating

01

邂逅

觉醒的契机

> "是的，你可以说我们是外星人，但我们不是绑架了你，只是想邀请你参加一项实验。"

幸雄感觉眼前有一片光，然而脑袋昏昏沉沉的，眼皮有如千斤重，无法睁开眼睛。

他听到一个低沉有力的男声告诉他："慢慢来，不要怕。"这个声音具有某种特质，让幸雄一下子安定下来，好像冬天里喝了一口醇厚、浓郁的好茶一般。

他挣扎着想睁开眼睛，双手双脚都使上了力，好不容易眼皮开了一条缝。

从眼缝中看到的景象，让幸雄大吃一惊，刹那间不但眼睛睁得老大，而且猛地坐了起来，开始不由自主地大叫——这怨不得幸雄，任何人在这种景况下，没有晕倒就已经不错了。

幸雄看到两个人，呃，说"人"，只能勉强算是最贴切的形容词了。应该是说，幸雄看到两张近似人类的脸孔，在他躺着的身体上方关切地看着他。

在幸雄惊恐的反应中，他粗重的身体开始不由自主地抽搐，双手双脚都开始大力挥舞，而且他当下的反应就是想逃。

两个人形生物用他们奇形怪状的手按住了幸雄，沉稳的男声又说了："不要害怕，我们不会伤害你。"声音有短暂的安抚作用，幸雄安静了几秒钟，随即又开始恐慌地大叫，而且奋力想要挣脱两个生物的掌握。

在一片混乱中，幸雄听到其中一个说："不是找了个大胆的吗？"

另外一个委屈地说："是啊，他平时天不怕地不怕的，谁知道会这样。"

听到这段友善而不带恶意的对话，幸雄终于安静下来。可是这会儿他不敢睁开眼睛了，怕自己又不由自主地开始惊慌失措。

"没关系的，慢慢来，我会告诉你我们是谁。"浑厚的男声又响起了，幸雄的心随着他缓慢的语调渐渐安定下来。想起他们对自己的评价——天不怕地不怕，幸雄突然恢复了平时雄赳赳气昂昂的大男子气概，勇敢地睁开眼睛打量眼前的两个生物。

生物？幸雄不敢确定。一时间，科幻电影里面看到过的外星人和机器人的形象突然出现在幸雄的脑海中。

"你们是外星人？我被绑架了？"电影里的情节再度浮现在幸雄的意识中，幸雄开始恐惧地颤抖，刚才一时间升起的男子气概转眼间消失无踪。

　　沉稳的男声又出现了，幸雄发现声音来源于眼前一名个子不高的
"生物"。他的头很大，眼睛和耳朵也是不成比例的大，头上有几根稀
疏的毛，手脚细长，而嘴角带着微笑："是的，你可以说我们是外星
人，但我们不是绑架了你，只是想邀请你参加一项实验。"

　　说得虽然好听，可是幸雄听到"实验"两个字就毛骨悚然。他们
是不是要开膛剖腹，研究地球人的体质、特性，看看地球人在各种严酷
的环境下如何生存啊？想到这里，幸雄不禁打了个寒战。

　　眼前的外星人似乎能读到幸雄的思想，他摇头微笑："不是你想
的那样。而且最重要的是，你有自由意志，在我跟你说明情况之后，如

果你决定不参加，我们会送你回去，而且把这段记忆清除，你第二天就会全忘光啦。"

他的话颇具抚慰作用。幸雄听完，好奇心升起，不禁问道："什么实验？"

外星人满意地点点头，开口解释："先向你自我介绍，我是图特，是来自另一个星球的生命，也就是你们地球人所说的'外星人'。"接着，他转向身边那位长相和他截然不同、看起来像个机器人的个体，"他是阿凸，我的助理。"看到幸雄满脸疑惑，图特加了一句，"是的，他是机器人，不是我们星球上的生物，而是我们的产物。"

幸雄看着阿凸。他有着银灰色的金属外壳，眼睛闪闪发光，身体是一只装满各式零件的大盒子，可以看到他的CPU（中央处理器）正在进行许多活动。看到幸雄在打量它，阿凸做了一个手势，优雅地跟幸雄致意，然后说："你好！很高兴认识你。"

幸雄开始打量周遭的环境。他们显然是在太空中，应该是在一艘太空船的小船舱里。感觉整个房间是由闪闪发光的白色金属打造而成，摆设很简单，有桌子、椅子、休息用的沙发，还有幸雄现在正坐着的床。屋里有一扇小窗，向外望去，是一片无垠的宇宙夜空，各种不知名的发光体在黑缎般的背景中闪耀。

幸雄一拍脑袋，感慨地说："这是真的吗？我不是在做梦吧？！"

02

幸雄的求救信号

人生真的太苦了

人的一生看起来有好几十年，但是从另一个更高的视野来看，可不可能就像"黄粱一梦"般，其实相对来说是短暂的？

看到幸雄逐渐恢复正常，图特又开口了："你可以说你在做梦，也可以说不是。"图特意味深长地看着幸雄，"你们地球人的一生，跟一场梦又有什么差别？"

幸雄愕然地看着图特，浑然不解。

"'时间'是你们三维空间特有的产物，它看起来好像是直线进行的，有过去、现在、未来。我现在不想让你太困惑，所以我只想问你，如果我说'时间'在我们看来，跟你们地球人有所不同，你认为可不可能？"

"不同？"幸雄不明白。

"比方说，我们的一分钟可能是你们的一年？"图特试探地问。

幸雄倏然变色，声音开始颤抖："那么，如果你们现在送我回地球，是不是会人事全非了？"

图特哈哈一笑，轻轻拍了拍幸雄的肩膀，幸雄霎时感到舒服多了。

"不会啦，我只是打个比喻，我们这个实验不希望惊扰到地球人，所以不会对你的生活造成困扰的。"图特收敛起笑容，严肃地说，"我只是要告诉你，地球人的一生看起来有好几十年，但是从另一个更高的视野来看，可不可能就像你们中国人说的'黄粱一梦'般，其实相对来说是短暂的？"

幸雄看了看图特的两只招风大耳，又看看阿凸灯光闪烁的肚子，无奈地回答："遇见你们后，我也许可以接受你这种说法了。"

突然间，幸雄想起一个他从小到大一直都很好奇的问题，于是兴奋地问道："你们是智慧、文明都比较发达的外星人，那你可不可以告诉我，我们地球人是从哪里来的，死了以后会到哪里去呢？"

阿凸的肚子立刻开始有反应，各种颜色的灯光乱窜，兴奋地想要回答幸雄的问题，却被图特阻拦了："嗯，这个问题会随着我们实验的展开为你做出解答。"阿凸身上的灯光暗淡了一下，随即恢复正常，但是又被图特的话启动了，"现在，请阿凸为你介绍一下我们实验的目的。"

阿凸兴奋之情溢于言表，开始滔滔不绝地解释："我们常常收到地球人，甚至地球本身的求救信号，希望有人能伸出援手，改善人类和地球现有的窘况。"阿凸贴心地看了一下幸雄的反应，看到后者的接受度还可以，就决定继续说下去，"也就是你们的能源危机，生态的严重破坏，还有，"阿凸顿了一下，"你们有越来越多的人焦虑不安，甚至抑郁轻生，丧失了对人生的热情。"

阿凸继续说："于是本星球召开了一次大会，集合有识之士一起商讨是否要出手援助地球。最后的决议是，我们先组成一个实验小组，跟某些地球人接触，看看成效如何，再决定是否要大规模地展开援助行动。"

幸雄觉得不解："那怎么会选到我呢？我又没有向你们求救。"

图特插口问道："你发出了求救信号，你不记得吗？"

幸雄茫然地摇头说道："我一点也不记得啊！"

图特向阿凸示意，阿凸便转向一片光洁的白色墙壁，从身体当中把活动影像投射到墙上，就像放映机一样。

幸雄看到自己在一个烂醉如泥的夜晚，跟往常一样，脚步踉跄地回到台北空无一人的家中。

幸雄想起来了，那晚的痛苦像头张开了大嘴的怪兽，把他完全吞噬。即使之前为人担保被牵累，导致大陆的工厂倒闭，自己手上投资的港股和A股严重缩水等重大打击带来的痛楚，也不如那晚的痛。因为当天他收到了分居妻子正式申请离婚的通知，而且要求得到他们唯一儿子的监护权。

进了房门之后，幸雄双腿一软，跪在地上号啕大哭。男儿有泪不轻弹，尤其是平时雄壮威武的幸雄，在一连串的不如意和打击之下，此刻却像个无家可归的孩子，完全的无助和绝望。痛哭了好长一段时间，幸雄突然被窗外的某种东西吸引了，他匍匐在地，爬到了窗边。

窗外的月亮格外圆，散发出无比柔和的光芒，似乎碰触到了幸雄平时被外在自我形象层层包裹住的软弱内心。对着月亮，幸雄又呜呜咽咽地抽泣起来："谁能帮助我？"幸雄狂喊，"谁能帮助我？救救我吧！我真的活不下去了！太苦了！"哭喊了好一阵子后，幸雄全身无力地瘫软在地上，沉沉睡去。

看完了这一段影片，幸雄不好意思地低下头，沉思了好长一段时间，悄然说："那只是我一次酒后失态，根本不算什么。而且……"幸雄抬起头，语带讽刺地说，"我们地球人的一举一动，好像都在你们的监控下哦？"

图特有点尴尬，阿凸嘴快地郑重解释："不是啦，你们地球上每个人每生每世的所有意识活动，都会被记录在一个叫作阿卡莎的星际档案中，被严密地保护起来。我们这次因为要做这个实验，特别跟星际联邦的议会申请调阅有关人员的档案——平时我们不允许随便侵犯地球人的隐私。而且，我们连进入地球领空都需要经过他们批准呢！"

"星际联邦？"幸雄不解地问。

"那是一个跨星际交流的联盟组织，有一点像你们的联合国。"图特缓缓地解释，"地球现在是星际联邦的观察对象，如果你们地球人的意识能够提升到一定的程度，就可以获准加入星际联邦了。"

03

千载难逢的机会
意识提升实验

> 地球之所以会变成今天这个样子，地球人之所以会这
> 么不快乐，是因为你们意识层次的进化一直没办法有突破
> 性的提升。

"哦，好吧！"幸雄也不想多追究什么星际联邦不联邦的，他大刺刺地两手一摊，"你们准备怎么援助我啊？"幸雄豁出去了，大胆地要求，"你们可以帮我把工厂重新开张，让我的股票投资十倍回收，同时，"幸雄黯然，"让我的妻子、儿子重回我身边吗？"

阿凸看看图特，后者点头同意阿凸提出的要求，阿凸便很快地说："这不是我们实验的方式。地球之所以会变成今天这个样子，地球人之所以会这么不快乐，是因为你们意识层次的进化一直没办法有突破性的提升。"

幸雄有点不高兴了，觉得有必要为地球辩护一下："我们的地球怎么样了，不是挺好的吗？我个人的不快乐不能代表大多数人，况且，平时我是个很爽快的人啊！我的问题是我自己倒霉，时运不济，碰上了不可靠的朋友，还有世界金融风暴。而且我是一时糊涂，在大陆包了年

轻的二奶，生意失败、股票失利后，她竟然弃我于不顾，害得我妻离子散……"幸雄愈说愈委屈，觉得自己真是个不折不扣的受害者。

图特等幸雄情绪稍微平复后，语重心长地说："幸雄，你们的星球现在面临着很多危机，但大部分人都选择不去看它，因为这些消息是不受欢迎的。热带雨林的破坏、生态环境的污染、全球变暖造成的冰川融化，已经引起地球气候的异常，导致各种天灾。未来还会出现严重的粮荒和能源、水源的短缺。这意味着你们的下一代，甚至你们自己，都可能受到严重的生命威胁。"图特正色看着幸雄，幸雄默然不语。

"至于你个人的问题，"图特继续说，"我只能说，即使我现在帮你把这些外在的情境都改善了，如果你的意识层次还是停留在现有水平上的话，这些情境也会以不同的方式再度出现在你的生命当中，你还是无法摆脱它们。"

阿凸插嘴道："地球上一位有识之士就说过，如果现在把你们人类所有的财富重新公平地分配，不出几年，所有人的财富状态又会恢复到现在这样。所以，决定你此刻状态的，不是外在的遭遇，而是你内在意识层次的水平。"

阿凸继续滔滔不绝地说："而且你看看现在地球人类的头脑，已经愈来愈疯狂啦。科技的进步、文明的发展、物质的过度追求，都让人失去了纯真的本性，整天只为满足自己的私欲而汲汲营营地生活。"

阿凸的肚子随即投射出影像，一幕幕人类自相残杀、争权夺利的惨不忍睹的片段，在幸雄眼前像走马灯一样地放映，幸雄都有点看不下

去了。他不由得开口问道："你们口口声声说的意识层次到底是什么东西啊？是什么潜意识吗？"幸雄恢复了直截了当的本性。

"以你们地球人的了解来说，可以把意识层次解释为：你对自己的核心本质，也就是你的真实面目，有多大程度的了解。"图特耐心地解释。沉吟了半晌，他又说，"当然，潜意识里的很多东西都会阻碍你认识自己的核心本质，所以，如果你能更加了解自己潜意识中的各种动力，就会提升你的意识水平。"

幸雄叹了一口气："唉，这么麻烦。什么核心本质、潜意识动力，我不想了解。你就赶快拿个仪器放在我头部，直接提升我的意识，这个实验不就可以结束了？我回去就可以高枕无忧了。"说完，他真的躺下，头枕在双手上，跷着脚，抖着腿，准备好要接受外星手术了。

阿凸插嘴："没有什么仪器啊，你们现代的地球人就是追求速食文化，想要用一蹴而就的方式来改善生活中的情境，还想改变他人，没有这种事的。意识的转化是需要你自己的努力和承诺，需要时间的。"小小的阿凸讲到最后，有点教训人的口气了。

"啊？！"幸雄一屁股坐起来，"那要多久的时间啊？我要在这个外太空跟你们混上多久啊？搞不好我回去后真的恍如隔世，认识的人都死光啦！"幸雄气鼓鼓的。

舱内的空气凝结了一段时间，图特过了很久才开口："幸雄，你有绝对的自由来做选择。如果你不想参与这个实验，我们立刻送你回去，抹消这段记忆，你第二天不会有任何异样的。但这是一个千载难逢地球现在面临着很多危机，但大部分人都选择不去看它，因为这些消息是不受欢迎的。

的好机会，你想让你的一生就这样浑浑噩噩、不知所终地过下去吗？"

幸雄心动了。他知道，自己都快四十岁了，人生的黄金岁月已过大半，现在落得一事无成，惶惶不可终日。他很希望能有机会重整旗鼓、再展雄风，只是不知道岁月是否可以饶过他，再给他一次机会？

"而且，"图特缓缓地说，"你还有一个儿子呢！儿子是以父亲为榜样的，你在前面走，他在后面跟，有样学样。你希望你的儿子和你一样吗？"

　　幸雄立刻回答："不，我不想让我的孩子跟我一样，我会告诉他……"

　　阿凸又插嘴："说教是没有用的，他是看你做什么他就做什么，你说一套又做另一套，他才不上当呢！"

　　幸雄无言，低头不语。图特说："而且你每次来这里不用待上很久，我们压缩了你的睡眠时间，利用夜晚把你带到船上来，对你的日常生活一点影响都没有。"

　　"而且，"阿凸俏皮地说，"明天早上你醒来之后，会怀疑自己是否做了一场太空梦。"

　　图特瞪了阿凸一眼，继续说："你需要来太空船几次，要看你个人的悟性以及你投入、承诺的程度而定。最重要的是，你要把在这里学到的东西实际应用在生活中，这样才会有最大的转化和进步。"

　　幸雄沉吟了半晌，拿出当年参加高考的勇气和决心，抬起头，坚定地看着图特说："好！我愿意参与这个实验，全力投入。"

　　图特长手一挥，说了一句："好，今天就到此为止，免得你太累了。下次来，你会见到其他同学。"

　　其他同学？幸雄正好奇地想追问，一时间，眼皮竟然沉重得睁不开，浑然又进入睡梦中。

04

女中豪杰也呼救
难道人生就是这样

> 有时候你的灵魂发出求救信号，自己都不知道。不过
> 在下意识里，你应该感觉到自己的内心有种渴望吧？那就
> 是求救信号啦。

向东从迷蒙中醒来时，看到窗外还是一片漆黑。抓了夜光闹钟一看，还不到六点。她翻了个身，感觉已了无睡意，于是披了一件晨袍起身。

到厨房给自己泡了杯咖啡，坐在窗边，顺手又点了一支烟，熟练地吞云吐雾起来，立刻感觉舒服多了。初冬清晨的北京，街上隐隐约约已有些行人，北京人真是早起的鸟儿！

向东回想起昨夜的经历，真不知是梦耶？真耶？在睁眼看到图特和阿凸的一刹那，向东的反应让他们刮目相看。向东当时只是很冷静地问："你们是谁？想做什么？"她看到图特脸上露出钦佩的表情，阿凸得意地在一旁说："我就说，她是个女中豪杰嘛！"

图特为她详细地解释了这次地球人意识提升实验的目的、内容和过程。向东被邀请参加一个三阶段的课程，每次有一定的主题，而上

课方式则分为大课堂、小组讨论和个别指导。课程最重要的部分就是日常生活的实习：参加的人必须把在太空船上学习到的理论应用到日常生活中。

实验的最终目的，是希望通过这些人的意识转化和提升，带动整个地球人意识的转变，进而由内而外改变地球现在面临的各种危机——无论是人类心态的不快乐和疯狂，还是外在环境面临的种种困境。

阿凸补充："要通过前面第一个阶段，才能获准参加第二阶段哦！"图特用赞赏的眼光看着向东说："你应该没问题！"

这种眼光向东太熟悉了。从小到大，向东在老师、长辈和老板面前，从来没有让他们失望过。向东最大的遗憾就是看不到父亲赞赏满意的眼光，因为他总是那么严肃，高高在上，从不流露自己的感情。母亲就更无缘了，向东刚生下来没多久，就和三岁的姐姐成了没有母亲的孩子，这是向东想起来就痛心的事。

向东对人生的失望不仅于此。她的亲密关系始终不顺遂，在厌倦做人家的第三者，或是让第三者不断破坏自己的关系之后，向东终于死了心。近几年，随着年龄的增长，恋爱的机会愈来愈少，更遑论婚姻了。

为了弥补童年时期自己没有母亲的缺憾，向东五年前在陕西的农村找了人，把一个襁褓中的女娃儿抱到北京，开始担任起妈妈的角色，毫不在意外人的指点、讪笑。

想到这里，向东悄悄打开女儿的房门，五岁的甜甜正在美梦中安然熟睡。看到她甜美的小脸，向东终于感到些许安慰。

在太空舱里，图特告诉她，因为她发出了求救信号，所以才选择她来做实验。向东当时就纳闷，自己何时求救了？从小到大，向东的独立一直是她引以为傲的。她几乎从来没有开口求过人，宁可自己累死、穷死、苦死，也不愿意求人。

图特当时微笑不语，还是阿凸嘴快说了："有时候你的灵魂发出求救信号，自己都不知道。不过在下意识里，你应该感觉到自己的内心有种渴望吧？那就是求救信号啦。"

向东回溯既往：她一向乐观进取，从出校门以来，在事业上一帆风顺，目前是一家国际大公司的人事总监，职位和工资都相当优厚。长相秀丽、身材高挑，虽然快四十了，依然风韵犹存。

向东在生活上可以说是丰衣足食，除了男人以外什么都不缺。养了孩子以后，她对自己的生活更是满意，但她的心里总是有个疑问："难道人生就是这样？仅止于此吗？"她的内在总是觉得不满足。早些年还觉得可能是缺乏稳定的亲密关系，但随着年龄增长，向东逐渐了解到，即使有个美好的婚姻，她的人生似乎也还有其他领域没有被碰触到，感觉始终有种缺憾。难道这就是她灵魂的召唤？

向东原本不太相信有什么灵魂这种东西，但随着年龄的增长，她逐渐意识到，人生好像不仅是我们眼睛所能看见的，否则真的是太没有意义了。

但要她去找一种宗教来信奉，向东又不屑。虽然从来没有接触过

宗教，但向东固执地认为，自己痛恨权威和教条、不喜欢迷信的性格，应该不适合宗教。所以这么多年来，她还是迷迷茫茫地在漂泊。

在太空船中，面对好像无所不知且智慧文明都较高的外星人，向东抓住机会提出了她从小就一直在思考的问题："我们究竟是谁？我们来这里做什么？"图特当时搔搔脑袋，认真地告诉向东："你的问题在这次的课程当中都会获得圆满的解答，或者说，你会自己找到答案。"图特拍拍她的肩膀："放心吧，你会找到家的。"

人生好像不仅止于我们眼睛所能看见的，否则，真的是太没有意义了。

05

课程开始
认识身心灵

如果你能真正地认识自己，就能改变你的命运

阿凸带着幸雄穿过长长的走廊，一路兴奋地说着："今天要正式开课啦，你会见到很多同学。"阿凸说着，拿出一只耳机麦克风给幸雄，"你要选什么语言？台普如何？"说完，肚子叽里咕噜地发出一连串怪声。

幸雄纳闷地问："台普？"

"是啊，台湾普通话，你不是台湾人吗？台普最受欢迎啦，有个北京人还特别指定要用台普，因为台普特别柔软好听。"阿凸孩子气地评论着，"待会儿很多国家和地区的代表都在，会需要语言翻译机。"

"嗯。"幸雄应声，把玩着阿凸给他的精巧细致的耳麦。"上次我们在船舱里，怎么不需要用这个啊？"

"船舱里早就设定好语言了啊，就像我也设定好了，所以你跟我说话不需要耳麦。"阿凸理所当然地回答。

快到会场大厅之前，一路上碰到很多其他学员，看起来大部分是

亚洲人，但也有一些其他人种。每个人都跟着一个像阿凸一样的机器人，而且幸雄听到他们也叫自己的机器人"阿凸"。幸雄好奇地问："怎么有这么多阿凸啊？"

阿凸看看幸雄，灯光闪烁地回答："本来就这样啊！我是阿凸七号。我们机器人不像你们地球人会要求特殊性，好跟其他人分个高下。另外你们也不了解，其实你们都是来自同一个地方、同一个源头，而且是一体的。"

幸雄看看充满哲理的阿凸七号，无奈地摇摇头。会场大厅到了，幸雄好奇地打量环境。其他人都陆续就座了，每个人的座位前都有一个像桌子一样的荧幕，连椅子一起，都是金属做的，看起来非常高科技的"酷"。

大厅坐了三十名左右的学员，似乎都是来自亚洲的各个不同地区和国家，而不是世界各地。幸雄看看阿凸，阿凸点头证实了他的想法："因为都是利用大家睡觉的时间来上课，所以我们找的都是时区比较相近的国家或地区的人。"

这时候，图特老师出现了。他也戴着耳麦，对全场的人点头致意道："亲爱的同学，大家好！欢迎大家参与我们这个实验，对我们来说这是实验，对你们来说，这是一个难得的可以学习的好机会。在场的每个人都接受过我们的个别指导，知道我们这个实验的目的和性质了。"图特看看大家，然后继续说，"很多人来到这里，都迫不及待地想要问我们一些问题。我知道，来自香港的克里斯就蠢蠢欲动了，是吗？"语毕，图特看着课堂的一个角落。

一个金发碧眼的老外立刻站起来说："是的，图特老师。我是住在香港的美国人克里斯。我们地球人最想知道的一件事就是：我们究竟是谁？到底有没有命运这回事？我们的命运究竟是掌握在自己手中，还是被不知名的力量牵引着？"其他同学纷纷附议，表示赞同。

图特等大家的议论声减弱后，不疾不徐地说："很好的问题。在你们地球上一个叫作希腊的国家里，有一座著名的占卜神庙，它门口的大柱子上就写着：'认识你自己'，这对你们地球人来说是最重要的功课。这座神庙是供人求神问卜的，但是它门口的这几个大字透露了一个最深的玄机：如果你能真正地认识自己，就能改变你的命运。"

图特说着做了一个手势，每个人桌子上的荧幕开始出现画面，随着他的话一路展开。

"你们人类常常说自己是身心灵的产物，这并不完全正确，但也不全错。"荧幕上出现了一个方块和两个圆形，好像一部车子一样。

"你们是拥有身和心的灵体，不是身心灵并重之下的产物。"荧幕上的方块和圆形中各自出现了字样。图特继续说，"你看，这样的个

体跑起来就很快，像一部有两个轮子的车子一样。但是——"

他又做了一个手势，这时图形颠倒过来，变成方块在最下面：
"如果以现在地球人的心态来说，大部分人都不重视灵性，反而重视下面的两个车轮，变成本末倒置，甚至身体的轮子还要大过心的轮子，这样不但跑不动，而且造成了失衡。"

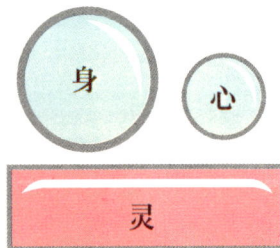

"在这里，心所代表的不仅是你们的思想、情绪，还有你们的感官所能觉受到的各种刺激的反应，以及心里的意象、冲动、直觉，等等。这些都属于心的范畴。"图特停顿了一下，点头说，"我知道你们要问什么。你们想知道，那么'灵'究竟是什么，对吧？"

06

你在想什么

如如不动的观察者

你的感觉是来来去去的，可是，总有一个观察者在旁观这一切

大家点头称是。图特想了一下说道："这样说吧。中国人有一句成语叫作'夏虫不可以语冰'，意思就是——"他使个眼色，示意幸雄继续解释下去。

看到图特向他这里看来，幸雄还回头看看图特是不是在指别人，一看不对劲，便尴尬地搔着头说："嗯，夏虫，夏虫，冬虫夏草——"

"这句话的意思是，"向东看不过去，便接下去说，"有一种虫，生在夏天，死在夏天，它完全无法理解'冰'是什么东西。所以，图特老师的意思就是，我们在拥有这具人身的状态下，很难理解自己的本来面目是什么。"

幸雄暗自纳闷："这女人是从哪里冒出来的？人参？哪种人参啊？东北参还是高丽参？"

看到图特赞赏的眼神，向东并不满意，继续追问："那你可不可

以用外星的高科技展示给我们看，我们究竟是谁啊？"

图特摇头苦笑："我们做不到，这是你们人类的共同课题，必须自己去面对，自己去解决。我们可以做的就是，教你们扫除让你看不到自己本来面目的障碍。"

桌上的荧幕显示出一个热力四射的太阳，但转眼间就被乌云笼罩，不见天日。图特解释："太阳就是你们的本来面目，乌云就是你们人类特有的各种心理活动。所以，唯有在定静、沉寂中，当心里的各种噪音平静下来，也就是乌云散开的时候，你才会看到自己的真实本性。"

一个印度籍的男子举手问道："我是孟买的阿南达。图特老师，这就是所谓的明心见性吗？"

图特点头道："你可以这么说。"

另一个瘦小的女子也举手发问："我是东京的友子。我想请问图特老师，那你们一开始说的意识提升，跟你今天说的这个有什么关系呢？"

"很好的问题。"图特欣慰地微笑，"其实所谓的意识，几乎可以说是'灵'的同义词。我们来体验一下吧！"图特一拍手，吓醒了正要昏昏入睡的幸雄，他吞了口口水，抬头正好碰上向东不屑的目光。幸雄很不高兴，又不便发作，只能把注意力放回图特身上。

图特发号施令："现在大家把一根手指头放在桌上摩擦，感受一下手指的感觉、桌面的材质……然后闭上眼睛。"大家照着做了，"好，大家有没有注意到，无论你的眼睛是睁开还是闭上，你都能觉察到自己手上的感觉？"大家点头称是。

　　"好的，大家看到了，你们不但能感知到手指的触动，同时也和那份觉受在一起，也就是独立于它，但又与它同在，是吧？"幸雄觉得图特好像在说绕口令，但还是跟着大家点头。

　　"现在再把注意力放到自己的内在，去觉察一下你此刻的感受，是无趣呢？好奇呢？还是兴奋或困惑？甚至麻木也是一种感觉。"图特继续引导大家，"现在，想一件让你开心的事，然后再想一件让你伤心的事，可以做到吗？"图特给大家一些时间去感受。很多人的脸上出现了一些变化，时而高兴，时而悲伤。

　　"注意到了吗？你的感觉是来来去去的，可是，总有一个观察者在旁观这一切，是不是？快乐的时候，你还是你；悲伤的时候，你的内在也是有一个不变的东西在经历着它，不是吗？"图特问。大家又点头。

　　"同样地，现在试着去观察自己的思想，看看你在想什么？"幸雄觉得这个游戏挺有意思的，他从来没有这样拉开距离地观察自己的内在，好像真的如图特说的，思想、情绪来来去去，可那个观察者还是如如不动地在看着这一切。

　　图特又请大家看桌上的荧幕。荧幕上出现了一个圆圈，中间有一个红心。随着图特的讲解，文字逐渐又出现了。

　　"红心就是作为灵体的你，也就是我们刚刚感受到的那个观察者，这是每个人真正的意识，也就是你真实的自我。圆圈则是你的意识范围（场域），在这个意识范围中的，是每天出现在你们脑袋中的思想、情绪、感受，等等。大部分人认为，这些思想、情绪、感受就是你们自己。"

　　图特这时又带出了大家刚刚看到的一幅图："但是，就像我们刚刚看到的这个太阳和乌云的比喻一样，这些都是不真实的乌云，同时，它阻碍了我们看到最真实的自己。"

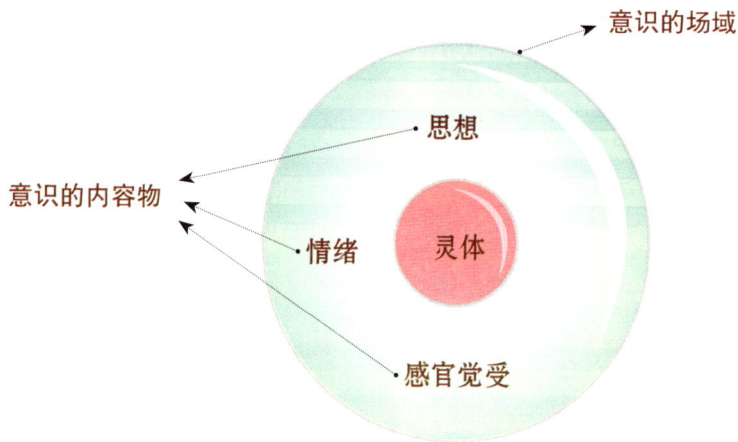

你的感觉是来来去去的，可是，总有一个观察者在旁观这一切，是不是？快乐的时候，你还是你；悲伤的时候，你的内在也是有一个不变的东西在经历着它。

07

地球人都睡着了

开展有意识的探险

你认为你每次作决定都是有意识的，但实际上不是。你们无法选择身体的一些特质，像DNA、种族、指纹等；而心理上，你的行为模式、性格、喜好，也不在你的控制范围内。

"不过，"图特停顿了一下，"根据多年来对地球人的观察，我们可以下一个结论：你们地球人都睡着了。"这句话引起了轩然大波，很多人本来就听得一头雾水，此刻更是被这句话激怒了。幸雄首先发难："是啊，我们现在是睡着啦，要不然怎么会被你们外星人抓来这里，听你们讲这些废话呢？"

图特莞尔一笑，一点也不以为忤，反而火上加油地说："应该这样说吧，你们真正的意识睡着了，因此剩下来的是一部自动运作的机器，在掌控你们每日的生活。"

图特胸有成竹地看着大家面面相觑、七嘴八舌地讨论，而向东则颇有所感地看着图特，并举手说："我常常觉得自己活得像行尸走肉一般，重复同样的生活，遭遇同样的困境，面对同样的问题，做出相同的反应。你指的就是这个吗？"

幸雄一听，心念一动，想起自己这些年的漂泊，似乎完全没有思考过自己到底真正想要什么，以及事情为何会如此发展。他总是随波逐流，每天就是机械化地因应外在生活的挑战，完全没有和自己的内在有所接触。生活方式、思考方式、反应方式，似乎都一成不变。到了最后，自己究竟如何失去了一切，成为一败涂地的失败者，幸雄一点概念都没有，只知道自己已经尽力了，剩下的都是别人的错。

一个皮肤黝黑的女孩举手发言："图特老师，我是曼谷的坤儿。你说我们是自动化的机器，那么我们自动化操作的模式是不是依循着我们天生的命运轨迹呢？我找了我们泰国的好多算命师，他们说得都好准。他们说我天生孤苦，无法依靠任何人，需要自己努力奋斗。这就是我的命吗？你们外星人是怎么看我们地球人的宿命论的？"

图特低头沉思了一会儿，抬起头来对坤儿说："就以你的命运为例来说吧。我刚才读了你的档案，我可以跟大家分享吗？"在暴露别人的隐私前，图特还是要小心地征求对方许可。

坤儿点头同意，图特就开口了："你父母没有正式结婚，母亲把你寄养在外公外婆家，从小过的就是仰人鼻息、寄人篱下的生活，这是你先天的命运。在那样的环境下长大的你，会对周遭的人、对这个世界有什么样的看法？"

坤儿含着泪，低声地说："我觉得这个世界是个冷酷无情的地方，别人都是不可依靠的。唯一疼我的外婆，在我六岁那年就撒手离世了。我只有靠自己，才能得到我想要的……"

在平时，我们真正的意识睡着了，因此剩下来的是一部自动运作的机器，在掌控我们每日的生活。

这是向东也熟悉的想法。从小没了母亲的她，早就习惯凡事自立自强，只有自己最可靠，别人都会让你失望。随着坤儿低头饮泣，向东的眼睛也红了，但是自懂事以来就没在人前掉过泪的向东，硬生生地把那种震动心弦的痛楚压抑了下去。

图特点头，轻声地问："那么坤儿，你的这份信念——世界是不温暖、不利于你的，而人们都是不可以依靠信赖的——在你成年之后的岁月里，如何显化为你的实际经验？"

坤儿讶异地抬头，不可置信地问图特："你，你是说，我后来被好友欺骗，工作上总是碰不到好老板，还有，还有我前夫的背叛，都是我的这些信念造成的？这太不公平了！"

图特缓缓开口："你们地球人有一种说法：'三十岁以前的面貌，是你双亲给的；三十岁以后的面貌，就是要自己负责了。'地球人前半生的命运是命中注定的，后半生的遭遇则是自己的信念、行为、性格等造就出来的。当然，你在前半生中，会因为自己基因中的种种不同因素，塑造出你个人不同的价值观及行为反应，继而影响你的后半生。"图特说到这里，转而面对向东问道，"我可以说说你的情形吗？"向东一愣，但还是点头同意。

"北京的向东从小也是在一个很艰苦、感觉不到爱的环境下长大的。可是，她当时的信念是：'人是需要帮助的，尤其是弱势的人。'所以，向东出落成一位坚强勇敢的女性，而且热心助人，不遗余力。是这样，没错吧？"向东不好意思地点点头，脸上露出了少有的红晕。

图特继续说："虽然有同样的感受'这个世界是不温馨的，人都是不可信赖、依靠的'，但是坤儿和向东采取了不同角度的观点来看待这个世界和人们，因此她们后半生的命运是不相同的。"图特愈说愈激动，"是的，你可以说，你的命运早已注定了，被你天生的气质、习性，还有前半生的遭遇绑住了、捆死了。但是，这是弱者的说法！只要你能从昏睡中觉醒，改变你自动导航机器中的程序，你就能创造不一样的人生！"

幸雄听得热血沸腾，立刻举手问道："那要如何改变呢？你说我在昏睡中，我怎么不觉得啊？我每天都是自主决定自己要去哪里、要做什么的啊，这怎么叫昏睡呢？"

图特转向幸雄："你认为你每次做决定都是有意识的，但实际上不是。你们无法选择身体的一些特质，像DNA、种族、指纹等；而心理上，你的行为模式、性格、喜好，也不在你的控制范围内。另外在灵性上，你也是绝对地昏昧。你想想，你的自主范围有多少？"

停了半晌，图特转向大家说道："你们可以不必采信我的话，但是随着你们意识层次的提升，你们会逐渐在生活中验证这个事实。我在这里想要带你们做的，就是对无意识的海洋展开有意识的探险，这可以说是灵性的旅程、灵魂的研究、对内在深层的探索。"

图特接着宣布大家回去要实践的功课，并要每个人去见一下自己在生活中实践时的搭档。向东跟着阿凸走到一间船舱门口，回头一看，幸雄也正朝这个方向走来。"不会吧！"向东懊恼，无可奈何地走进船舱。

08

看似简单做来不易的练习
在生活中观察自己

观察情绪最简单的方法就是去观察你的身体，因为情绪其实就是身体对你思想的一个反应，只不过有的时候你还没觉察到思想，情绪就起来了

"这就叫作怨憎会吧？"一个寂静、寒冷的夜晚，女儿已经熟睡了，向东坐在电脑前，不由得这么想。全课堂里的人，向东最不喜欢的就是幸雄，偏偏还跟他分到一组，在生活当中要互相提醒、彼此扶持，做好实习的工作。

两人分组时，阿凸再度重申图特老师交代的事："因为你们的意识（灵）都昏睡了，也就是观察者始终缺席，所以想要觉醒的第一步，就是培养观察者的临在。这次的回家功课，就是要在生活中不停地观察自己。"

坐在电脑前，向东把上课的笔记也整理出来了：

观察自己的步骤：

❶当有负面情绪时（生气、悲伤、郁闷、烦躁、嫉妒等不舒服的
感受），你要能够觉察到，然后告诉自己："哦！此刻我有负
面情绪了。"这时候，最重要的就是把注意力放在自己内在，
而不是放在那些引起你负面情绪的人、事、物上。

❷先观察一下你自己此刻的肢体动作是什么。把注意力放在自己
的身体上面，可以使你不至于完全陷入自己的情绪冲击当中。

❸接下来试着去看见你在想什么，就是去观察自己的思想。如果
你能够倾听到那个"脑袋中喋喋不休的声音"，你就是在观察
你的思想。听到了之后，也许自己会吓一跳："我怎么可能会
有这种思想？"这时候，请你带着觉知和爱去观照它。它只是
一种思想，不代表你，不要去与它认同，不要批判它，只是看
着它。

❹你此刻有什么情绪？如何观察情绪？有些人连自己生气了都不
知道。其实观察情绪最简单的方法就是去观察你的身体，因为
情绪其实就是身体对你思想的一个反应，只不过有的时候你还
没觉察到思想，情绪就起来了。感觉你的身体哪里紧绷，胃部
是否有不舒服的感觉？心中央是否紧绷或抽痛？身体是否颤
抖？这些都是情绪在你身上作用的结果。观察它、观照它、允

许它的存在，全然地去经历它，不要抗拒。你会发现，你的全然接纳和全然经历，会让它更快地消失，甚至转化为喜悦。

向东看着自己整理的笔记，很是得意。她一向就是成绩好的高才生，这点功课真的不算什么。但是今天在公司开会时，销售总监陈伟力抱怨他手下的销售人员不够专业，最后竟然归咎于公司的招聘及培训制度不够完善。当时，向东还没能及时观察到自己，她一如既往地强烈为自己的部门辩护，甚至到后来还暗讽陈伟力自己没有做好甄选销售人才的工作和平时业务上的培训。两人在会上针锋相对造成会议场面的紧张。最后还是老总杨振林出来打圆场，才平息了风波。

事后冷静下来，向东有些懊恼。怎么一个小小的挑衅就立刻触发了她本能的反应？护卫自己就算了，最后还开始攻击对方，造成会议场面的紧张，按照图特的话来说，就是进入了无意识状态。这个观察自己的功夫，看起来简单，可是到了该用的时候，有时还真的不容易。

向东这时看到幸雄也上了MSN，正在考虑要不要和他分享自己的笔记，幸雄的信息就来了："嗨！北京姑娘！今天过得好吗？"

向东最痛恨这种玩世不恭的打混态度，懒得跟他啰唆，不想理会他。

幸雄的信息又在闪烁："猜猜看，今天我在网络上碰到谁了？"

向东还是不回答。

"阿凸！"

向东很讶异，飞快地打字回去："阿凸？怎么可能？"

　　"就是啊！"幸雄得意得不得了，送出一个竖起大拇指的表情符号，"意外吧？"

　　向东问："阿凸说了什么？"

　　"没什么！我跟他说，观察自己这玩意儿还真难实践，没事的时候还记得，一碰上事就忘光光了，真没劲！"

　　向东有时候怀疑到底谁是北京人，幸雄跟他的前女友学了一口北京话，配上他的"台普"，有时候真的变成了"四不像"。

　　为了自己的好奇心，向东还是捺着性子问："那阿凸怎么说？"

　　"阿凸说，一开始是很困难，每次都是后知后觉——事情过后才会想到，刚才忘了观察自己，完全与当时的情境融合了。"

　　幸雄打字很慢，性急的向东在电脑旁干着急。

　　"然后呢？"

　　"阿凸建议，我们可以先从小事情，也就是让我们反应不太大的事情做起，会比较容易进入状态。"

　　向东忍不住了："我在哪里可以找到阿凸？"

　　"不是我去找的，是他自己找上我的。对不起，小姐，你得碰运气。他还说……"

　　又是漫长的等待，向东又等不及了："说什么？"

　　"他说练习一段时间以后，我们会当知当觉——就是在事情发生的当时，就能想起来要观察自己，也许还是无法改变当时的反应，但是至少收回一部分意识了。"

"还有呢？"

"还有就是先知先觉啦，在负面情绪升起之前就能观察到自己，因此就不会进入无意识的反应状态，啊，那就大功告成啦！"

"多难啊！"向东抱怨。

"唉，小姐，总比我们以前不知不觉好啊！"幸雄安慰她。

说的也是，向东稍感欣慰了。为了感谢幸雄，她决定和幸雄分享她整理的心得笔记。

"哇！小姐，你以前在学校一定是高才生哦，笔记抄得这么好！"幸雄看了以后，由衷地赞叹。

"还好啦！"向东被幸雄直率的夸奖弄得有点不好意思，匆匆找个借口下线了。

09

一通情绪性的电话

回观自己，不被情绪左右

这个世界你所看见的人、事、物，都是你内在的一种
反射，只要你自己的内心改变了，外在就会随之改变。

　　幸雄看向东匆匆下线，嘟囔了一句："怪女人！"又在网上转了
几圈，没碰到什么熟人，于是就开始他的线上大战。每次只要一上线，
幸雄就什么负面感觉都没有啦，反而精神抖擞、亢奋有力，觉得人生充
满希望。

　　打了一整夜的线上游戏，蒙着头睡了没有几个小时，就被电话铃
声吵醒了。他老大不情愿地起床接电话，那头传来一个不受欢迎的声
音："你接到我律师的通知了？"是幸雄分居的妻子晓菲。

　　"嗯！"幸雄不想和她交手，只想敷衍了事，他还需要一些时间。

　　"你什么时候跟我去签字？签了字还要去户政事务所登记才算数
呢！"晓菲咄咄逼人。

　　幸雄换了只耳朵听电话，清了清嗓子说道："晓菲，我们还可以
谈一谈嘛！何必这么绝情？我上次……"

晓菲不等幸雄继续下去，打断了他："没什么好谈的了。你别忘了，我手上还有你和小蜜通奸的证据，闹上法庭，大家都不好看。"晓菲得理不饶人。

幸雄只觉得一口气往上冲，脏话就想骂出口，可是投鼠忌器，儿子还在她手上呢。但幸雄还是气不过，手都在微微地颤抖。这时候，他突然想起"自我观察"的方法，图特老师是怎么说的？先了解自己已经在负面情绪中了，"废话！"幸雄心里想。然后呢？看看自己的肢体动作。

幸雄发现，他另外一只没有拿电话的手竟然握成了拳头（是想狠狠揍晓菲一顿吧？），便有意识地放松自己的手掌，深吸了一口气。还来不及进行第三个步骤，晓菲又开骂了："喂！喂！你怎么不说话啊？跟个缩头乌龟似的，你还算个男人吗？"

回观自己的身体，让幸雄神智比较清醒，所以听了这段话，他不怒反笑了。晓菲什么时候变得这么泼辣的？她是伤透心了吧？以前在学校的时候，晓菲可是一个乖乖的、甜美的、温顺的小学妹啊！幸雄想起不知道在哪里看到的这段话："结婚的时候，男的希望女的永远不变，女的希望男的婚后会慢慢改变，结果双方都大失所望。"幸雄就是一点都没变，还是大学时那个放荡不羁的风流才子——永远不是个好丈夫的料。

晓菲又沉不住气了："我给你一个星期的时间解决，希望我们好聚好散，不要法庭上见！"语毕，不等幸雄的反应，她就挂电话了。

幸雄呆了半晌，这才想起来还有步骤三：观察自己的思想。是啊，他刚才在想什么？居然想到的是那个男人女人婚前婚后不同的笑

话，这倒是蛮好的。如果幸雄当时想的是："这个臭婆娘，老子现在没钱了，你还这样落井下石，老子跟你拼了！"那么，他也许就按捺不住自己的脾气而破口大骂晓菲了。原来，我们脑袋里的思想对我们的情绪和行为这么有影响力啊！

不过幸雄还是憋了一肚子气，再也睡不着了。他想到第四个步骤：和自己的负面情绪在一起。但是幸雄的双手还在颤抖，可见余气未消，他不愿意继续去感受这股有怒气却没地方发泄的痛苦，因此决定再上网厮杀一番，把怒气化为勇气，好好儿地挑战那些怪兽和难关。

玩了没两局，幸雄看到自己的电脑荧幕居然出现了阿凸的影像，还有随之而来的问候："幸雄你好！你表现得不错啊！"

幸雄泄了气："又是你啊，阿凸。别提了，我操——"

"喂，别骂脏话。你表现得真的很好，你终于开始觉醒，不再睡觉了。"

"我是睡不着了。你看，我不是又在奋战了吗？"

"不是啦，我是说，你现在能够回观自己，不再完全被潜意识里的模式或自己的负面情绪牵着鼻子走了。"

"但我还是一肚子气，没有地方发泄啊！"幸雄抱怨。

"别担心，我们第二阶段的课程就会教你如何去疗愈自己的负面情绪。"阿凸安慰他。

"我问你，"幸雄不服气地想挑衅，"我学会观察自己了，我忍气吞声，那她呢？她就可以在那里耀武扬威，不需要去观察她自己了？

你们怎么不把她抓到太空船去好好儿上上课啊？"

　　"别急，"阿凸轻声地说，"时候会到的。我们每个人只要先管好自己的事情就好。在后来的课程中你会明白，这个世界你所看见的人、事、物，都是你内在的一种反射。只要你自己的内心改变了，外在就会随之改变。"

　　幸雄不耐烦地说："这我听多了，你们最好能证明给我看。"

　　"呵呵，"阿凸莞尔，"你会自己看见的，放心吧。"

10

向东的内在对话
内在父母与内在小孩

每个人的心里都有一匹恶狼和一匹好狼，最后哪一匹狼会存活下来呢？是你喂养的那匹狼。所以，要记住去喂养你内在那个有爱成人的声音，认出它来，把它的音量调大。

第二次集合的时候，大家比较熟悉环境，彼此开始交谈了，整个大船舱内闹哄哄的，直到图特老师上台，大家才安静下来。图特一开始就亲切地问候大家："怎么样？观察自己的练习做得如何？"

幸雄首先举手发问："我是台北的幸雄。我想问的就是，观察自己有什么用处啊？别人不观察自己，只有你在观察自己，这不是很吃亏吗？"有些同学笑了起来，幸雄感到向东冷冷的眼光扫了自己一下。

图特平静地回答："观察自己是你灵性成长的第一步，它让你能够脱离对自己的情绪、思想，还有对当下的情境、状况的认同。一旦你可以开始观察自己，就从睡眠中醒来了，你看到自己只不过是一部被自动化模式操控的机器，那么真正的觉醒就有可能展开。"

向东也举手发问了："观察自己的难度比我想象的要大得多，我们怎样才可以驾驭这个技巧呢？"图特听了，呵呵一笑说道："向东，你真是标准的完美主义者，学了一样东西，立刻就要'驾驭'它。"向东不好意思地低下头。

"观察自己有一点要注意的就是，千万不要批判自己，或是为自己的情绪辩护，甚至为自己的行为自圆其说。"图特看看她，继续下去，"我知道，你在开会时和销售总监的冲突让你很懊恼，因此又开始批判自己了。这个时候，你可以展开第二次的自我观察——观察你的内在对话。我可以跟大家分享吗？"向东点头。

这时候，教室内突然响起向东的声音，图特解释说："大家听听向东'内在父母'的指责。"

"向东啊，你又来了。你看看，人家只不过稍微提醒一下你们公司的培训和招聘制度有些地方可以改进，这些制度又不是你定的，你那么激动干吗？年纪这么大了，还这么冲动，刚学会的观察自己的功夫一点都用不上，真是糟糕。"

图特又说："大家再听听向东'内在小孩'的反抗。"

"这个销售总监已经不是第一次说这样的话了，他就是存心找我的碴儿，在那么多人面前让我下不了台。表面上说的是制度，还不就是怪我办事不力？谁都知道他在指桑骂槐！我当然不能示弱，当场就要他好看！"

看到向东有点不好意思，图特好意地解释说："在场的每一个人心里都有这两种声音：内在的严厉父母和内在的反抗小孩，是不是？"大家都点头承认。

每个人的心里都有一匹恶狼和一匹好狼，最后哪一匹狼会存活下来呢？是你喂养的那匹狼。所以，要记住去喂养你内在那个有爱成人的声音。

　　"我们的内在总是有很多不同的声音，这两种声音是最具代表性的。不过，既然我们学会了自我观察，就要知道培养一个公正的有爱成人的声音是非常重要的。"

　　图特又看看向东，柔声地说："向东，你已经尽力了。一直以来，你就是在当场面对别人的责难这方面有些困难，这是你的功课所在。我知道你心里很难过，你可以允许自己难过，不需要去隐藏或逃避它，就只是跟你的难过在一起。试试看。"

　　图特柔声的劝慰让向东几乎要掉下泪来。从小到大，一直都没有人这样对她有同理心地、理解地、宽容地说过话。这个声音对她而言是陌生的，好像来自遥远的国度……

　　图特继续鼓励她："这也是你内在的声音，你可以去滋养这个有爱成人的声音，让它逐渐壮大。然后你就会明白，你多年来在外面寻找的无条件的支援，其实就在天边不远处——你自己的心里。"向东感激地点点头。

　　图特转向大家："你们地球有个禅宗公案：每个人的心里都有一匹恶狼和一匹好狼，最后哪一匹狼会存活下来呢？"

　　幸雄不假思索地回答："恶狼！"有几个同学笑了起来。

　　图特轻轻地摇头说："不，是你所喂养的那匹狼，它会存活下来。"大家都若有所悟地点点头，幸雄则尴尬地摸摸自己的鼻子。"所以，要记住去喂养你内在那个有爱成人的声音，认出它来，把它的音量调大。"图特孜孜不倦地叮咛着。

　　"可是，"东京的友子举手了，"我们怎么知道自己内在的声音
是有爱成人，还是内在父母啊？他们有时候听起来很接近。"

　　"很好的问题，"图特很满意，"有爱成人的声音有几个特质。
首先，它不批判你；其次，它不会制造二元对立，例如赞成你的作为或
不赞同你的想法。它只是如实地观照，然后用极其慈爱、充满同理心的
方式与你沟通。"

　　向东终于明白了，自己多年的寻寻觅觅、工作上的不断追求表
现，其实都是在寻求别人的肯定，也就是别人的赞赏和爱。如果真的能
在自己内心找到这个有爱的成人，并且去滋养他的临在，那么，多年的
漂泊就可以终止了，向东就可以回家了。想到这里，向东又是激动又是
兴奋，对图特老师充满了感激。

你可以去滋养这个有爱成人
的声音，让它逐渐壮大。然后你
就会明白，你多年来在外面寻找
的无条件的支援，其实就在天边
不远处——你自己的心里。

11

如果身心灵是一栋房子

培养灵性空间

当我们的心里充满情绪性的垃圾，每天都在抱怨，不
知道感恩，欣赏我们所拥有的事物时，我们的内在空间就
会很小，难怪我们会觉得很不快乐，很不舒服。

幸雄走进小船舱，看到向东激动得脸红扑扑的样子，就毫不掩饰
地盯着她看。他心里想，这个男人婆看起来冷若冰霜，没想到也这么容
易激动。向东对于和幸雄分在同一组，本来就不乐意，现在看到幸雄嘲
弄的眼光，更是老大不高兴地瞪了他一眼。

两个人坐下来后，助教阿凸就说："我先放一段影片给你们看，
然后你们俩要就相关的主题做次讨论。最后，你们要到生活中去实践，
彼此要互相支持打气。"说完，他从肚子里射出激光，一个活生生的图
特就呈现在两人面前。

阿凸补充说："这是全像式的投影，看起来就像真的一样。"幸
雄忍不住伸手去触摸图特的影像，果然扑了个空。

图特的影像开始说话了："我们的身、心、灵如果用一栋房子来比喻
的话，我们的身就是房子的框架，也就是结构本身、硬件的部分；而心，

也就是我们的思想、情绪、感官觉受等，就等于是房子的装潢、色调、家具等部分。就房子本身来说，最重要的是什么呢？"图特停下来。

幸雄歪着头答道："格局？还是大小？"向东也说："屋顶的高度！"

图特好像听得见他们讲话似的，一一点头认可。然后，他宣布答案："房子最重要的就是：空间。没有空间，人无法住进来，东西也没地方放。更重要的是，一个房子的空间感，决定了这个房子是否让你有舒适的感觉。

"而房子的空间，在这里就可比喻为我们的心灵。现在，让我们看看这个身心灵与房子的比喻：我们的身体如果不健康，就像房子的结构、框架有问题；心理如果不健康，就像房子装修的品位很差，而且塞满了垃圾——各种负面思想和情绪，那么这个房子的空间就无法使用，或是房子看起来就很不舒服，而住在里面的人一定也不会觉得舒适、开心。"向东觉得很有道理，不停地点头。

"同样的，当我们的心里充满情绪性的垃圾，每天都在抱怨，不知道感恩、欣赏我们所拥有的事物时，我们的内在空间就会很小，难怪我们会觉得很不快乐、很不舒服。"

这时候，图特的身前出现了几行大字：

房子的架构好	=	身体健康、美食豪宅、外在享受
装修高级豪华	=	有很多物质的东西来提供心理上的享受、欢愉

"但是，"图特收起这几行字，"如果没有空间，也就是说，你不注重灵性的培养，那么这栋房子还是让你住得不舒服。所以，你们学习到的观察自己的功夫，就是一种灵性空间的培养方法。现在，"图特宣布，"你们要一起讨论、商量，看看在日常生活中，除了观察自己之外，应如何培养灵性的空间？阿凸会辅助你们进行讨论。"

图特的影像消失很久之后，幸雄和向东还是面面相觑，半天不开口说话。阿凸终于打破沉默："嗯，你们要不要讨论一下？"幸雄这才说："好啊！灵性空间的培养……嗯，这究竟是什么意思啊？"

阿凸的程式跑了好一会儿，然后说："我找个你能接受的说法吧。灵性空间的能量振动频率，与你们身心的振动频率并不相同。你们的身体是坚实的物体，它的频率厚重，而心里各种活动的频率虽然比眼睛看得见的事物高，但还是没有内在的灵性空间来得高。所以你可以想一想，在你的生活当中，有什么东西可以让你感觉比较轻盈、愉悦？"

幸雄歪歪脑袋，几乎不假思索地脱口而出："网络游戏让我飘飘欲仙，陶醉不已。还有，嗯，就是那个、那个……"幸雄瞥了向东一眼，不敢说下去。

　　"是性爱吗？"向东大胆地接话，幸雄反而有点不好意思地低下头来，"好的性爱的确可以把你带到一个忘我的境界，但是大部分人，"她看了幸雄一眼，"尤其是男人，把性爱当成满足生理需要的工具，那就失去它真正的意义了。"说完，她看了阿凸一眼，觉得自己真是奇怪，居然跟一个机器人大谈性爱。

　　"我看看。"阿凸翻阅自己内在的档案，肚子上灯光闪烁，"性爱，嗯，的确，向东说的那种性爱可以提升你的振动频率，开拓灵性空间。但是网络游戏，"他的肚子上红灯大亮，"是一种会让人上瘾的游戏，完全无法提升灵性空间。"

　　这时候，船舱的门打开，真的图特进来了。他关心地询问："怎么样，你们这组进行得如何了？"幸雄两手一摊，答道："我们只说了两个，一个是性爱，一个是网络游戏。"

　　图特莞尔一笑："能够提升灵性空间的活动，会让你在生活中感受到内心的一种悸动，感觉到一股深沉的喜悦或平安。你们可以想想吗？"

　　向东开口了："我每次跟我女儿玩的时候，会感觉到发自内心的满足和喜悦。"看到图特点头赞许，向东又加了一句，"还有，每次投身大自然的怀抱时，也有这种感觉。"

　　"是的，非常好！"图特满意地说，"其实，你们地球人所做的一些宗教上的修持，就是提升灵性空间很好的方式。"在图特的指引下，向东和幸雄总算拟出了下面这张清单，准备在生活中实行。

提升灵性空间的活动：

❶ 跟宠物或小孩玩（要全神贯注，而不是心有旁骛）。

❷ 与自己爱的人共度悠闲、温馨的时光（要全然地临在，而不是例行公事）。

❸ 照顾自己养的花草、宠物。

❹ 聆听优美的音乐。

❺ 轻松地读一本让人回味或受益的好书。

❻ 清理自己居家的空间。

❼ 与大自然共处：去郊外玩，或是花点时间享受蓝天、白云、花草、树木等自然界的景物。

❽ 写东西（日记或博客，与自己的内在有所接触）。

❾ 做自己喜欢且需要投入创意的艺术创作。

❿ 可以放慢动作的运动（游泳、慢跑、瑜伽、太极拳）。

⓫ 听一场好的演讲，并与主讲人产生共鸣。

⓬ 欣赏艺术创作或表演。

⓭ 宗教的修持（佛教：念经、持咒、礼佛、听开示；基督教：唱诗、祷告、读《圣经》、聚会；其他任何宗教上的修持）。

⓮ 静坐冥想。

12

幸雄的领悟

不要用头脑思考，要用"心"去体会

地球人所做的每一件事，都是基于"感觉"而做的，
方法也许各不相同，甚至很多是有害的、错误的，但目的
都一致：希望感觉好一点。

幸雄坐在家中，跷着二郎腿，看着这张基本上都是向东的投入而
做出来的清单。连他自己都觉得不可思议的是，他的日常生活中没有一
件事情可以列入其中。

他记得图特还说："这些活动都有一个特色：借由关注无形的东
西，带领你进入自己内在的更深处。而且，它们的共通之处在于：用心
去体会，而不是用头脑去思考。"

幸雄一一检视这份清单。花草宠物就不用说了——根本不存在他
的生命中，他倒是有个孩子，但是他跟儿子相处的时间并不多，就算在
一起，不是一起看电视就是带孩子出去吃东西，或是逛街、去游乐场
玩。他的注意力始终在外界，而不是专注于孩子身上。

跟老婆及家人在一起的时候也是一样，始终都有一些外在的事情
在进行：看电影、吃饭、聊天、购物，很少真正地沉静下来，单纯去体

会对方的"存在"。长此以往，彼此的关系都是停留在表象上，十分肤浅而且制式化。

幸雄很少看书，也不太听音乐，没有艺术细胞，对宗教也不感兴趣。如此算下来，幸雄的灵性空间真是贫瘠的荒原！他呆了半晌，又习惯性地打开电脑，结果看到向东寄来的邮件："幸雄，图特老师要我们互相鼓励打气，我写这封信就算是交差了。"

幸雄心里想："这女人，什么态度！"

"我回来想了想，决定采取以下行动，作为目前扩展我灵性空间的方式。"

邮件里，向东一板一眼地列出自己要做的事项。

现在开始三个月内的计划：

· 报名参加办公室附近一个瑜伽中心的课程，每周抽出三个中午去练习瑜伽。
· 周末多带女儿去郊外走走，享受大自然中的两人世界。
· 一周读一本好书。

未来三到六个月的计划：

· 报名参加陶艺课程，学习捏陶。
· 开一个博客，写一些自己对生活的心得感想。
· 学习静坐冥想。

　　希望你也找到适合你的方法。祝福你。

向东

　　幸雄看了以后，一股不舒服的感觉冲上脑门。不过，他最近养成了观察自己的好习惯，这时倒是发挥作用了。他试着去理解自己的不舒服情绪究竟是什么想法造成的，于是他开始聆听脑袋里的对话。

　　"这个女人！她以为她是谁啊？老是在老子面前耀武扬威的。"

　　"其实没有啦，她只是遵照指示，跟你分享她的想法而已啊。"

　　"她拽什么拽？自以为了不起！"

　　"幸雄，你很差劲耶！被一个女人比下去了。"

　　"什么扩展内在空间，你连个屁也没有，什么事都做不了。"

　　"你可以试试看，就找几个能做的先做吧！"

　　"你这辈子就这样了，被外星人选上也救不了你啊！"

　　"幸雄，你可以做到的，这些对你来说虽然是新观念、新做法，但是你可以不鸣则已、一鸣惊人啊！"

　　幸雄抱着头，听到自己内在有这么多不同意见的声音，感觉都快疯了。难怪有人说，精神病患者和正常人的差别就在于：精神病患者把心里想的话都说出来，正常人没说出口而已！

　　"要是没有做这样的自我觉察，这些心里的声音会造成什么样的影响呢？"幸雄反思，"那可能会让我们不停地去找些事来做，找人说话、上网、抽烟、喝酒等，这些事可以让我们分心，这样就不必去聆听

这些脑袋里分裂的声音了吧！"

幸雄终于明白自己为什么那么沉迷于网络游戏了，至少在网上跟虚拟的怪兽或敌人厮杀的时候，完全进入一个虚幻的世界，觉得很过瘾，而且不必去感受内在的这些矛盾冲突。更重要的是，网络世界带给自己美好的"感受"。图特也说过，地球人所做的每一件事，都是基于"感觉"而做的，方法也许各不相同，甚至很多是有害的、错误的，但目的都一致：希望感觉好一点，即使是暂时的。

幸雄这时又想起图特说的："去滋养、倾听有爱成人的声音。"他定了定神，想到当初自己对图特的承诺："要全力以赴！"于是，他回了封信给向东。

> 谢谢你的分享，我很佩服你。我想起来我可以做的事就是：早上起来去慢跑，一路上把注意力放在自己身上，跟自己好好相处一段时间。另外就是要清理一下我凌乱不堪的家。还有，我从小跟母亲上教堂，其实很喜欢教堂庄严肃穆的气氛，我可以试着在每个主日到教堂去坐坐。加油！
>
> 幸雄

13

为什么互看不顺眼
回顾自己的阴影

其实，当你觉得别人"高高在上"的时候，是因为你
内在有一个"低低在下"的自我。当你有被别人轻视的需
要时，才会被别人影视。

向东和幸雄又坐在小船舱内，无趣地面对面。阿凸请他们报告自己一周来的实践心得。向东眉飞色舞地说着自己对瑜伽的新体验，还有和女儿一起享受大自然、花草树木的乐趣。幸雄兴味索然地听着，正眼也不瞧向东一眼。

轮到幸雄报告，他没好气地说："都让她说完啦，我还有什么好说的？不就是做这些事让心里舒服一点嘛，我做了啊！慢跑也跑了，房间也收拾了，教堂也上了，不就是那么一回事嘛！唉！"

向东听了这些话，觉得这个人实在是没有灵性到了极点，不知道为什么外星人会挑中他来做实验，可能是来做对照组的吧。想到这里，向东又轻蔑地看了幸雄一眼。

幸雄这下子真的气不过了，腾地站起来，朝向东开骂："你看什么看？老子这样不行吗？一天到晚摆什么架子，自以为高人一等，有什

057

第一部

唤醒沉睡中的你

么了不起？"向东被幸雄没来由的怒气吓了一跳，脸色大变，倔强地抿着双唇，不说话也不看他。

幸雄跟人家吵架，最恨碰到这种闷葫芦，正准备继续追击，船舱门突然打开，图特进来了。幸雄看到图特气定神闲的样子，顿时像只泄了气的皮球，瘫坐在椅子上，一言不发。

图特看了看他们，然后点头说："很好！很好！我们正好要进入阴影投射的课程了，这样一来，你们俩都有题材可以发挥了。"阿凸肚子上的灯光刚才被幸雄的怒吼扰乱了好一阵子，在图特沉稳的语音下，逐渐安定下来。

图特看着两人，语重心长地说："你们地球人在与外在的人、事、物互动时，如果产生了负面的感受或情绪，都认为是外在的那个人或情境引发的。殊不知，那份不满与不快其实源自于你的内心，不在外面。"

图特看看幸雄，柔声地问："幸雄，你觉得向东哪里惹到你了？"幸雄被图特这样一问，有点不好意思，搔搔头说："没什么啦，就是，嗯，我觉得她老是不可一世的样子，高高在上的，让人觉得很不舒服。"在图特面前，幸雄变得文雅了许多。

"好。"图特包容地说，"那么，你是否可以断言，向东就是一个高高在上、喜欢睥睨他人的人？"幸雄耸耸肩，不在乎地说："应该是吧！"图特又问："那么，这辈子所有遇到向东的人，都会对她有这样的评语吗？"幸雄一愣，不确定地说："我不，嗯，不敢确定。"

图特笑笑："其实，当你觉得别人'高高在上'的时候，是因为

你内在有一个'低低在下'的自我。当你有被别人轻视的需要时，才会被别人鄙视。"

幸雄从来没听过这样的言论，呆呆地看着图特。图特又说："你不需要相信我的话，但是你可以回去好好想想，并且在生活中去体验看看。一个自卑感重的人，自然会在生活中体会到许多别人不尊重他的感受。一个觉得这个世界没有温情的人，到处都会被人冷眼看待。"图特看看两个人，严肃地说，"你怎么看待这个世界，这个世界就怎么对待你。"

图特又转到向东那一边，"你呢？你为什么看他不顺眼？"向东不好意思地低头，嗫嚅地说："嗯，我觉得他没有耐心，涵养不够，而且很粗俗。"

图特点点头，然后正色地问："你自己和幸雄相反吗？很有耐心、很有涵养，而且高雅不俗？"向东被图特的话弄得有点不好意思，只有沉默以对。

"这可能是受你小时候的影响吧？"图特问。

向东想了一下，缓缓地说："我生下来没多久，母亲就死了。在成长的过程中，如果我高兴一点、说话大声一点，奶奶就会说，女孩子要有女孩子的样子，千万别让人家说你是没妈的孩子。所以，"向东低头，"我从来不在别人面前掉泪。"

"久而久之，你也不会在别人面前欢笑了。"图特沉声道，"因为哭泣和欢笑是一体的，你丢弃了一面，另一面也会被丢弃的。"

图特面对两人，又开始解释："每个孩子在两三岁之前，所有不

一个自卑感重的人，自然会在生活中体会到许多别人不尊重他的感受。一个觉得这个世界没有温情的人，到处都会被人冷眼看待。

合乎家庭、社会甚至学校标准的个人特质（对孩子来说，是一种自然的行为）就会被压抑到无意识中，这就成了阴影。"

　　幸雄这时突然想起，自己其实也有高人一等、睥睨他人的倾向，只是他用嬉笑怒骂的方式来表现，比较不着痕迹。

　　图特看出幸雄的领悟，笑了笑又继续说："阴影就是你认为你自己是什么样的人的相反面。我们的人格愈是发展，埋藏在深层的阴影就愈多。如果我们只偏颇地活出我们生命的一部分，不了解深藏在内的阴影的话，阴影有一天终究会破茧而出——"图特停了一下，"它会在我们的生活中创造出愤怒、批判、抑郁、梦魇，甚至疾病和意外。"

　　看着愈来愈严肃的两人，图特又笑笑："接受并整合我们的阴影，可以帮助我们了解自己，变成比较完整的人。如果不整合你的阴影，你就会不停地对别人投射你的阴影，不断地批判他人，使得人际关系变得很糟。"向东和幸雄看看对方，不好意思地低下头。

　　"在这种情况下，你也会不断地碰到你不喜欢的事，或是你不喜欢的人，这就是你们地球上一位智者说的'怨憎会'。"图特停了一下，又继续说，"而且，你在日常生活中会需要很多能量来压抑你的阴影，所以一旦阴影被整合，有许多充沛的能量就会被释放出来，用在更有用的地方。"

14

向东的反思

拥抱自己的阴影

你所痛恨的也许为你带来了一些好处，你如果坚守着
天平的一端，永远没办法看到它的平衡。所以这个问题是
要帮助你看见，也许天平还有另外一端，你可以看看，这
样就比较容易把你带回到中心点。

向东坐在自己的桌前，无奈地看着图特交代的作业。看着这些题
目，向东知道自己势必要被迫面对童年的旧创。

① 找出一个你常常会指责别人的议题，这件事常常让你有很强烈的
情绪反应。写下：我不喜欢＿＿＿＿＿＿＿＿的人（要投入并表
达你的情绪）。

向东写了：我不喜欢粗暴、没有耐心的人。随着自己笔尖的滑
动，向东把对这类人的痛恨带到了最高点。

② 回顾你过去的一生，什么时候曾经遇到这样的事和人？你家里
有谁是这个样子的？要从童年开始想。

向东的笔到这里停住了，她不太愿意触及这一块儿，天人交战了

半天，咬咬牙，还是写了：我的父亲就是一个很粗暴、没有耐心的人。
就是他的没有耐心和粗暴，让我在襁褓中就失去了母亲。

向东突然觉得一股巨大的愤怒席卷而来，她恨不得把纸撕碎。她停
留在这里，气喘吁吁，过了好长一段时间才平静下来，继续她的作业。

❸ 再想想你这一生中，是否曾经对其他人做过同样的事？在回想
这些往事的时候，你是否觉得羞愧或心痛？

向东回想起自己小时候一件印象深刻的事。五岁那年，隔壁的阿
香到家里来玩，两人拿着唯一的洋娃娃玩过家家。结果两个人都吵着要
当妈妈，阿香一句："你凭什么当妈妈？你自己连妈妈都没有！"惹得
向东勃然大怒，拿起娃娃就朝阿香的脑袋敲下去。娃娃的头是硬的，把
阿香的前额敲出一个大包。奶奶一看气坏了，不由分说地赏了向东两个
耳光，然后紧紧抓着她，一字一句地说："没妈的孩子要特别有耐心、
有教养，别让人家说闲话！"

向东还记得后来隔壁王妈妈到他们家兴师问罪的凶恶样子，吓得
她躲在角落里不知所措。奶奶一直跟人家赔不是，好不容易王妈妈才气
消了回家。奶奶还不敢把这件事情告诉向东的爸爸，怕他的臭脾气会饶
不过小向东。

向东拿着笔的手有点颤抖，往事一波波地如潮水般涌来。这个议
题不仅仅是向东的阴影，还有她童年的悲惨、孤苦、委屈，都混杂在
一起了。

在盈眶的泪水中，向东又想起自己有时候对五岁的甜甜也相当没有耐心。向东下班时，往往还有未完成的工作，但甜甜盼妈妈盼了一天，看到妈妈好不容易回来了，就一直缠着向东，不让她打电脑。向东有时候会好言相劝，但是屡劝不听，向东就会失去耐心地对甜甜吼叫，甚至把她推开，要保姆抱她走。

向东带着深深的羞愧和忏悔，流下了眼泪。在婆娑的泪眼中，向东看了下一道题目。

❹再想想，你什么时候曾经对你自己做过这样的事？

"我什么时候对自己粗暴、没有耐心啦？"向东自问。她第一个直觉就是："没有啊！"

她突然想起来，她对自己一向不太温柔——手指头常常不小心被纸割伤，腿上也常常这里青一块那里紫一块，却想不起来是怎么撞伤的。这就是下意识地想惩罚自己吧？而且是用这么暴力的方式。

向东一向自律甚严，跟自己没什么好商量的。想减肥的时候，她可以完全无视身体的饥饿，连续好几个星期少量进食、大量运动，硬是把不小心增加的体重减掉。工作的时候，她也可以完全不顾身体的疲倦，不眠不休地把工作赶完。

还有还有，向东无止境地愿意助人，始终把自己放在最后一位。为了安慰老公有外遇的朋友，她可以拖着疲累的身心整夜倾听对方的哭诉，试图安慰、陪伴。

做人家的第三者时，向东可以识大体地让男人每个休假日和节日都回去陪家人、小孩；而当别人介入向东的亲密关系时，她可以忍让，有风度地退出。

是的是的，向东愈写愈委屈，别人都是最重要的，就你自己永远排在最后一位。耐心和温柔都给了别人，自己一点也不保留！

"原来真正粗暴而没有耐心的，是我自己。"写到最后，向东有恍然大悟的感觉。

⑤ 你对这个议题有很强的情绪反应，这样的行为、反应对你有什么帮助？找出它们后，带着感恩的心看着它们。

除了对自己更加粗暴外，能有什么帮助？向东反感地想着。带着感恩的心？我要怎么感恩我的阴影啊？

这时，她想起图特的话："这只是让你看见，你所痛恨的也许为你带来了一些好处，你如果坚守着天平的一端，永远没办法看到它的平衡。所以这个问题是要帮助你看见，也许天平还有另外一端，你可以看看，这样就比较容易把你带回到中心点。"

向东想了想，自己讨厌没耐心、粗暴的人，所以在生活上就会特别注意要彬彬有礼、举止合宜，而且相较于其他女强人型的同事，向东真的比较有耐心，也比较温和（至少表面上）。

而私底下，向东对自己的粗暴、没耐心，造就了一个成功的女强人，姑且不论她心里是否快乐，但她在事业上的傲人成就有目共睹，这不能不说是内在那个一直毫不留情鞭策自己的阴影造成的。它没有对

错，只看你如何去把握、应用它，而不是让它来掌控你！向东觉得自己
好像开窍了！

❻到心的中心去，打开你的心，拥抱你的阴影，接受你自己。[注1]

向东这时坐在镜子前，闭上眼睛，试着把注意力集中在自己心口
的正中央。她放慢呼吸的速度，让呼吸轻柔地抚慰自己的心口，然后把
"粗暴、没有耐心"的特质带到此刻已变得柔软的心中，让心里的美好
特质融化它们。

"可以的，可以的，"向东轻声地对自己说，"粗暴是可以的，
没有耐心是可以的，我接受你们，在爱和光中接受你们。"最后，当向
东感觉到心口已经完全放松，没有任何压力和紧绷时，她缓缓睁开眼
睛，用图特教她的方法对着镜中人说，"我接受你，向东，无条件地爱
你、认可你。我永远在你身边。"

刚开始说的时候，向东真的很不习惯，几乎无法启齿，看着镜中
的自己陌生而遥远，于是又闭上眼睛，不敢看自己。但是，她不断尝试
观想爱和光的到来，让自己有勇气再度睁开眼睛，对着镜中人说："我
支持你，我爱你，我不会让你再受委屈。"

说完以后，向东的泪水扑簌而下，似乎第一次有了一种回到家的
感觉。

[注1] 这六道题目来自香港Deborah Chan的内在工作坊（Inner Work）。

15

幸雄的回观

接纳自己

他自己也不喜自己、瞧不起自己，难怪事业、婚姻、金钱一败涂地！这样一种批判、分别的心理，最早还是源自对他自己吧，然后再映及他人，却用美好的包装来掩饰。

幸雄坐在电脑前，花了很大的力气克制自己，才能憋着不去打开网络游戏，继续昨天的厮杀。他看着图特给的作业，嘴里嘟囔着说："还给作业，有完没完。"他老大不情愿地打开作业，准备敷衍了事。

❶ 找出一个你常常会指责别人的议题，这件事常常让你有很强烈的情绪反应。写下：我不喜欢＿＿＿＿＿＿＿的人（要投入并表达你的情绪）。

幸雄心里想，那还用说吗？就是那个女强人啊。人家都说有的女人其实就是戴了假发的男人，一点女人味都没有。向东这女人连假发都省了，一头削得不能再短的头发，比幸雄快及肩的长发短多了。反了，反了，幸雄想，这就叫作"牝鸡司晨"，男女不分了。

想归想，幸雄还是老老实实地写下来："我不喜欢颐指气使的

人，高高在上、自以为是。"想到那女人，幸雄还是不舒服，觉得自己
堂堂大男人，居然让人小看了！总归就是两个字："不爽！"幸雄还写
下："我最恨她那种轻蔑的眼光！"

❷回顾你过去的一生，什么时候曾经遇到这样的事和人？你家里
　有谁是这个样子的？要从童年开始想。

小时候有谁是这样？幸雄想起了自己很不愿意想起的那个人——
爸爸，他的父亲可以用"刚愎自用"来形容。不用多想了，就是他，那
个自以为是的老顽固，每次幸雄做错事，就用一副"你看吧，我早就告
诉过你"的表情来羞辱他！

❸再想想你这一生中，是否曾经对其他人做过同样的事？在回想
　这些往事的时候，你是否觉得羞愧或心痛？

幸雄对这个题目产生无比的抗拒。我自己也是这样？怎么可能？
我一直是个豪迈奔放但谦虚有礼的人啊。他在大陆开工厂时，对员工都
是一视同仁，跟他们称兄道弟的，怎么可能目中无人呢？

幸雄想到图特摇头晃脑的老学究样："再想想，到你的内心深处
去想想，诚实地、勇敢地好好自省一下。"他也想到自己的承诺：要学
习，就要学好！

幸雄闭上眼睛，开始认真地在内心搜索。有没有？我有没有睥睨
他人？我有没有自以为是？

终于，幸雄灵光一现地想到，自己大刺刺的个性，以及逢人就勾肩搭背、称兄道弟的行为，是不是也是一种因为自卑感而引起的自大狂，却用外表这种夸张的行为来掩饰自己内在的脆弱呢？

方向对了，灵感就一直浮上来。是的，从另一个层面来说，幸雄其实心理上对自己工厂里那些工人，是有着一定程度的不屑。但是为了让自己看起来不像他最讨厌的那种"自以为是、目中无人、睥睨他人"的人，所以他用说话大声豪放、喜欢调侃别人的伪装来掩饰。

想到这里，幸雄有些脸红，这也算羞愧了吧！原来自己也是像父亲那样的人，而且更糟糕的是，父亲至少没有伪装，但是幸雄欺瞒了所有人，包括他自己！

❹再想想，你什么时候曾经对你自己做过这样的事？

幸雄看了题目，随即明白了。他自己也不屑自己、瞧不起自己，难怪事业、婚姻、金钱一败涂地！这样一种批判、指责的心理，最早还是源自对他自己吧，然后再殃及他人，却用美好的包装来掩饰。幸雄有一种恍然大悟的感觉！

❺你对这个议题有很强的情绪反应，这样的行为、反应对你有什么帮助？找出它们后，带着感恩的心看着它们。

有什么帮助？幸雄想都不用想，那就是：他是个最没有架子的老板，也是一个最随和的朋友。既然讨厌骄傲的人，自己就会极力摆出一

副谦和的样子，所以幸雄虽然事事不如意，但在外面人缘还是好得不得
了。生意失败了，朋友开了一家餐厅，还让幸雄来经营，并且免费分了
些干股给他。想到这里，幸雄内心升起无限的感恩之情，原来自己这个
阴影还真帮上了他的忙！

❻ 到心的中心去，打开你的心，拥抱你的阴影，接受你自己。

经过了第五题的洗礼，第六题就不是难事了。幸雄正襟危坐，按
照图特教的方法，把呼吸带到心口的正中央，接纳自己也有傲慢的一
面，接纳自己的不平等心。原来这是每个人都有的，呃，不是那个女人
的专利啊！

第二部

疗愈
受伤的
你

如果你能与自己的负面感受安然共
处——例如愿意接纳自己的无价值感或
自己的脆弱无力——那么你就会有足够
的内在力量，可以更有效地去因应外在
你不喜欢的人、事、物。

Living an Inspired
Life-awakening,
Healing and Creating

16

面对自己旧时的伤痛

人生问题是旧伤浮现的结果

你现在面临的人生问题，都是旧伤浮现的结果，它们
是来帮助你疗愈的。

又是小组讨论的时间。幸雄看到向东轻快地走进船舱，这次竟然
没有对她产生厌恶或不舒服的感觉。咦，是向东变了吗？幸雄打量着
她，还是一头短发，脸上带着微笑，眼神坚定，看到幸雄在打量她，居
然还对幸雄回眸一笑。

"怪了！怪了！"幸雄暗自称奇，"这女人变性了吗？"

阿凸看出幸雄的纳闷，忍不住调侃他："不是她变了，是你变
了！"幸雄一惊，觉得不可思议，难道自己整合了阴影之后，看别人的
眼光就会有所不同吗？

向东也用同样惊异的眼光看着幸雄。阿凸又说了："这就是你们
地球上量子物理学所说的：观察者影响被观察者啊！"

两人带着纳闷又新奇的感受坐了下来，图特老师就出现了。他一
脸愉悦地看着两人说："恭喜你们，第一阶段的课程告一段落了，你们

两个人都进入了第二阶段。"幸雄和向东看了对方一眼，又高兴又不知道该说些什么。

图特欣慰地说："现在，我们要进入疗愈伤口的阶段了。"幸雄一听，赶紧问："疗愈伤口？就是我事业失败、老婆要离开我的这种伤痛？"向东听了，同情地望了幸雄一眼，没想到这个人还有这样的悲惨遭遇。

图特摇头说道："我们要疗愈的是你的旧伤，你现在面临的人生问题，是这些旧伤浮现的结果，它们是来帮助你疗愈的。"幸雄听得有点糊涂，不太懂自己的旧伤是什么意思，它又如何引发了现阶段的人生困境。

"你愿意面对吗？"图特深邃的蓝色大眼睛望进幸雄的眼底。幸雄在他深沉的目光下有些迷醉，缓缓地点了点头，说："愿意。"

"好！"图特说，"我们到大教室集合吧。"

幸雄和向东随着大伙儿鱼贯地进入教室。幸雄看了一下，发现进入第二阶段的人数并不比以前少很多，可见当初选人的时候就很谨慎，所以淘汰率并不高，他不禁有点扬扬得意起来。

大家坐定以后，图特开口了："各位同学，欢迎正式进入第二阶段的意识提升之旅。"幸雄看到每个人脸上都露出兴奋期待的表情。"这个阶段主要是帮助大家疗愈过去的伤痛，而这些伤痛是怎么来的呢？"图特让阿凸把一些影片的片段投影到墙上。

✤ 一个小女孩孤独地坐在家门口，期待妈妈回家。她已经努力地把家收拾好，打扫得很干净，希望妈妈回来能称赞她。但是天都黑了，妈妈还没有回来。最后好不容易盼到了妈妈，妈妈拖着疲惫的身体进门，看也不看她一眼，对家中的整洁视若无睹。那一夜，小女孩伤心地躺在床上，把这一切解释为"我不够好，不够重要！"而伤心地落泪了。

✤ 一个婴儿因为肚子饿了在小床上大哭。妈妈站在旁边，虽然着急，但是想起其他有经验的妈妈的叮咛："孩子吃奶要准时，要训练他定时定量，不可以饿了就随便给他吃。"小婴儿哭到最后声嘶力竭，做了一个决定："这个世界是冷酷的，无法供给我的需要，不是一个温暖安全的地方。"

✤ 一个小男孩跟邻居打架，红着眼回家哭诉。爸爸听了一句话也不说，还狠狠地赏了他两巴掌："男孩子哭什么哭？有本事跟人家打架，就要打赢。看你那个孬种样，我不打死你就不错了。"男孩摸着浮肿的脸颊走回房间，下了一个决心："我永远不要再感受到脆弱，我再也不会掉泪！"

✤ 姐姐又当选模范生了，爸爸妈妈高兴得买了个蛋糕为她庆祝，妹妹冷眼旁观。妈妈不经意地说："看看你姐姐，多跟她学学。"小女孩的心在滴血："我永远不会比姐姐好，我永远得不到爸爸妈妈全部的疼爱。"

你现在面临的人生问题，是这些旧伤浮现的结果，它们是来帮助你疗愈的。

❀ 一个孩子在外面玩，赢了玩伴所有的纸牌回家，珍藏在一个小
盒子中。他掩饰不住得意，告诉了爸爸。没想到爸爸把他打了
一顿，还把他所有的战利品都丢掉了。他的小小心灵做了一个
结论：告诉别人你心里的事情是不安全的，同时，成功之后的
所得很有可能会失去，还会带来磨难（皮肉之痛）。

这些影片一放完，图特就语重心长地说："每个来到地球的孩
子，其实都有两个最基本的需求：重要感和归属感。他们需要感受到
自己的重要性，并且归属于家庭中。如果这两个基本需求没有被满
足，孩子就会对周围的人、事、物，尤其是对自己，产生一些很重要
的价值判断，并建立一些决定性的信念。而这些价值判断和信念会影
响他们的一生。"

他看看在场的所有人，然后严肃地说："你们成年后所遭遇到的
种种问题，绝大多数都是源自孩提时代这些错误的价值判断和信念。因
为，"他顿了一下，"这些价值判断和信念，会造成孩子的偏差行为，
而偏差行为如果没有经过适当的疏导，就会伴随孩子长大，成为他一生
行为的主要模式，也就成了你们的命运。"

17

大家都有孩子难教的困扰

成为有效能的父母

> 人与人之间，尤其是亲密的家人之间，都是靠能量的
> 交互作用在互动的。孩子的能量场比较开放，所以很容易
> 受到大人的影响。

接着，图特请大家看每个人桌上的荧幕。荧幕上以他们自己国家的文字，显示了以下图样[注1]：

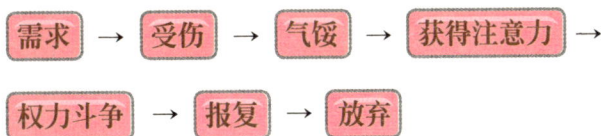

需求 → 受伤 → 气馁 → 获得注意力 →

权力斗争 → 报复 → 放弃

图特解释说："这是一个孩子偏差行为形成的过程。首先，是他的需求没有得到满足，然后孩子会很受伤，进而感到气馁、沮丧。"他两手一挥，"之后偏差行为就开始了——争取注意、权力斗争、报复、放弃……"他看看大家，然后问道，"是不是这样？"

曼谷的坤儿举手说："我每次出差前，我六岁的女儿就会生病，

这是为了争取注意吗？"

图特笑笑说："孩子是非常聪明的，如果她争取注意的手段不奏效，接下来她就会开始跟你进行权力斗争了，是不是？"

坤儿无奈地说："是啊，她已经开始叛逆了，跟她说什么都不听。"

一个三十多岁的韩国女人举手："我是首尔的正熙。我十六岁的儿子好像已经放弃了，拒绝跟我沟通。"正熙显得很沮丧。

图特柔声问道："他应该也有很多报复行为吧？"

正熙低着头，伤心地说："他功课很差，可能还抽烟，晚上不睡觉，一直打电玩。"

图特转向大家："这里为人父母的请举手。"结果有五分之四的人举起手来。

他又问："觉得自己的孩子有偏差行为的请举手。"结果大家的手几乎都没放下来——每个父母都觉得自己的孩子行为

有偏差。图特笑笑说："呵呵，这是我们特意筛选的。"

向东不禁问道："图特老师，现在的孩子真是愈来愈不好教了，显然在座的父母都有这方面的困扰，我们应该怎样教养孩子才是最好的呢？"图特又在微笑，幸雄也会心一笑。向东还是那么积极，什么事情都要求做到最好！

图特看着向东，语重心长地说："这也是我们当初挑选你们的目的之一。我们希望在这次的实验结束后，你们都能成为有效能的父母，不过……"图特拉长了语调，大家都在焦急地等待，"要想成为有效能的父母，你们自己得先要疗愈好自己的伤痛才行。我们无法个别教授你们养儿育女的技巧，但是当你意识的层次提升后，你们自然而然地会成为一个称职的父母。"

幸雄失望地问："所以，你们不会教我怎么对付我那个调皮捣蛋的儿子？"

图特摇摇头："我教了你也没用，如果你没有足够的内在力量，所有的技巧在关键时刻都使不出来。"图特转向大家，"我们看到地球上很多家长都在寻求帮助，希望学到一些技巧，或是找到人来帮助他们的孩子'改变'。殊不知，真正需要改变的是家长自己，而不是孩子。"

孟买的阿南达怀疑地问："你是说，如果我们自己的意识状态有所改变，我那个离家出走的儿子就会回来？我女儿的功课就会变好？我看不出这些有什么直接的关联！"

图特回答："你们地球人一直忽视'能量'这个东西。殊不知，

人与人之间，尤其是亲密的家人之间，都是靠能量的交互作用在互动的。孩子的能量场比较开放，所以很容易受到大人的影响。"图特环视全场，提高声调提醒大家，"别忘了，孩子之所以有偏差行为，是因为需求没得到满足的缘故。所以，责任还是在你们大人身上。"

东京的友子举手问："可是，如果完全满足孩子的需求，不会宠坏他们吗？"

图特摇头笑道："所谓'宠坏'，也是指孩子有偏差行为吧？有些父母没有划好界线，一味地顺应孩子，反而让孩子没有归属感，找不到自己的位置。一个无法找到自己的孩子，当然会有偏差行为。"

看到每个人都是一脸茫然无助，图特又开口安慰大家："不要着急，等到你自己的状态改变了，你内在的智慧、定静会自然而然地产生，到时候你不用学，就是一个高效能的父母了。"

这时，图特突然转向幸雄，定睛看着他，问道："幸雄，你的问题是什么？"

幸雄被图特突如其来的一问吓傻了，愣愣地反问："什么……什么问题？"

图特胸有成竹地说："你的人生问题啊！孩子的偏差行为不但会让父母忧心，更糟糕的是，他们还会把这些行为带入他们的成年生活中，造成许多人生问题。"

"偏差行为？我没有偏差行为啊。"幸雄一副丈二和尚摸不着头脑的样子，不服气地说，"我的情况都不是我自己的错，嗯，是有一点啦，但至少我的生意失败、股票失利不是我的错吧？"幸雄想到自己婚姻的失败，多少是自己行为造成的，但说到事业的失败，他觉得自己就是个无辜的受害者。

图特摇头："你们地球人的人生，其实都是自己创造出来的。我知道你现在无法接受，但是，随着——"

"随着你们意识层次的提升，你们会理解的。"幸雄忍不住学着图特的口吻接了下去，惟妙惟肖，大家听了都笑了起来。

[注1] 克里斯多福·孟（Christopher Moon）老师开设的"父母工作坊"中，谈到了这个过程，其实这个模式也适用于亲密关系，甚至所有功能失调的关系。

18

谁会因幸雄的失败而受到打击

探索潜意识动力

人的确有潜意识的阴谋在作祟。如果不能觉醒，我们
就是被潜意识中的模式主宰，这就是所谓的命运。

图特也被逗笑了，他摇摇头说："真是好学生，什么没学，这倒
学得挺像的。"接着，他正色地说，"你们人类一生其实有两次出生的
机会，第一次是肉体的诞生，第二次是觉知的发展培养，然后逐渐地苏
醒，这在第一阶段我们已经说过了。

"觉醒的过程，是一个有意识的努力过程，需要付出时间和精
力。如果不能觉醒，你就是被潜意识中那些隐藏的动力（模式）主宰，
那就是你们地球人所说的：命运。"

他做了一个手势，大家桌面上又出现了一些文字。图特嘴没停，
继续说教："所以，若不要被命运操控，其实选择权掌握在你们自己手
中。你们看看这个'个人责任承担表'的八个层次[注1]。"

❶ 这个问题是××造成的，我只是个无辜的受害者。

②都是因为××，事情才会变成这样，但我必须为这个问题善后。

③这个问题的产生我也有责任，但我就是这样，我也没办法。

④生命中这种事情很常见，我就是需要忍耐，睁一只眼闭一只眼地混过去。

⑤这个问题真让人难受，老天啊，帮助我面对它吧。

⑥这个问题不是谁的错，而我的内在有力量，能够用有助于自己成长的方式来面对它。

⑦这是我的潜意识吸引来（或选择来）的问题，我其实可以为自己选择更好的东西。

⑧我创造了这个问题，我可以赋予它任何意义。现在，我选择将它转化，并从中获取我的力量。

图特这时把幸雄叫到台上，让他坐在自己身边，面对全班同学。幸雄一上台，手脚都不知道该怎么摆了，很紧张。图特微笑地看着他说："好，台北的幸雄，你告诉我们，你的层次是哪一个啊？"

幸雄搔搔脑袋："嗯，没遇见你们以前，应该是在第一、第二、第三之间来回晃荡吧。"他尴尬地笑笑，"在第一阶段课程的时候，嗯，应该逐渐进入了第四、第五个层次。"

图特满意地点点头："好，我们第二阶段的课程会让你进入第

六、第七层次，然后第三阶段就会到达第八个层次了。"

看到台下学生跃跃欲试的样子，图特决定不再浪费时间，单刀直入地问："你的人生问题是什么？"

幸雄坐立不安，好像屁股底下有块烧红的木炭："不就是，嗯，我老婆要跟我离婚，还要带走孩子。还有……我的事业一败涂地，为人作保被牵累，股票失利……总而言之，我就是个一事无成的失败者。"幸雄说着，自己都不好意思起来。

"嗯，"图特谅解地点点头，"作为这样一个失败者，你可以报复谁？"

"什么？"幸雄不可置信，"报复？我干吗要报复？报复对我有什么好处？"说着说着，幸雄的嘴角竟然有些抽搐，不自觉地流露出一个诡异的微笑[注2]。

图特了解地笑笑。他耐心地让幸雄消化一下，然后不经意问："谁会因为你的失败而受到打击？"

"当然是我自己啦！"幸雄不假思索地说。

"嗯！"图特不置可否。

幸雄无趣地继续思索图特的问题，突然间，他看到父亲的脸孔竟然浮现在眼前："我爸爸？这怎么可能？我干吗要报复他？他那种刚愎自用的暴君，我跟他没有什么好说的。何况……何况他在我十八岁那年就过世了！"幸雄在嘟嘟囔囔时，心思已暴露。

图特简单地提醒他："回想一下你对你父亲的偏差行为。"

幸雄想起自己从小就一直在挑战父亲的权威，也因此遭到不少毒打，这算是吸引注意的方法吗？图特这时点头确认："是的，幸雄，你小时候很多顽皮的行为，是为了引起冷漠的父亲注意，同时，也是为了分担一些你母亲的伤痛。"

这时幸雄突然发现，他脑海中闪过的画面，竟然一一出现在课堂的大白墙上。

图特安抚他："这是你潜意识里的东西，如果它不愿意，我们是不会看见的。既然它愿意让你揭露，何不勇敢地面对它？"

幸雄看到儿时常见的画面：父亲酒醉回来，全家大小避之唯恐不及。爸爸这时往往和妈妈发生口角，抽出皮带，没头没脑地就往妈妈身上抽。妹妹只会躲在床下发抖，只有幸雄会出声求爸爸不要再打妈妈了。但是，雨点般扫落的皮带只会更加密集地抽打，最后是妈妈和幸雄抱在一起痛哭的画面。

看到自己幼小的身躯，和母亲在狂风扫落叶的皮鞭下紧紧相拥的画面，幸雄忍不住失声痛哭。偌大的身躯，此刻在地上蜷缩成小小的一团："原来……原来我小时候的顽皮捣蛋，是为了让爸爸多打我一点，少打妈妈一点……"幸雄喃喃自语。

"是的，"图特认可，"很多孩子调皮捣蛋或生重病，都是为了拯救父母不快乐的状态，或是岌岌可危的婚姻。他们以为，自己的牺牲可以拯救他最爱的两个人……"

班上有的同学已经开始啜泣，此刻幸雄的眼泪更是有如堤防崩

很多孩子调皮捣蛋或生重病，都是为了拯救父母不快乐的状态，或是岌岌可危的婚姻。他们以为，自己的牺牲可以拯救他最爱的两个人。

溃，汹涌而出。他想到青少年时期，他的个子愈长愈高，长得比父亲还高，于是权力斗争就开始白热化了。幸雄也用离家、逃课、抽烟、打架等方式来报复父亲。而母亲呢？幸雄这么做，不会伤害母亲的心吗？

图特这时问道："你原谅你的母亲了吗？"

幸雄不解："我为什么要原谅母亲？她是受害者啊！"

图特摇摇头，沉声说道："你心里对她的脆弱、无能，有很多批判，你没有感觉到吗？"

幸雄好像被闪电击到，想起自己这些年来最痛恨看到人的脆弱面，也不许自己软弱，所以表面上总是装得满不在乎，无比坚强。难道……难道这是因为从小痛恨母亲的弱势？

"不能保护自己和子女的女人，有什么价值？"幸雄突然冒出这句话，自己都吓了一大跳！原来这些年来，他对母亲有这些不满，自己却毫无所知。幸雄想起十八岁那年，他被叫回家，看到家中父亲简陋的灵堂，那一刻，他从一个浪迹街头的混混儿，摇身一变成为孝子，开始努力赚钱，奉养母亲。

人的确有潜意识的阴谋在作祟。

［注1］ 克里斯多福·孟老师开设的"生命教练"培训课程中提出了这些观点，我稍作删减、修改。

［注2］ 克里斯多福·孟说，这是一个指标性的迹象，表示当事人的确有潜意识的阴谋在作祟。

19

我想拯救你

受害者牢笼

> 你们每个人一生中，都或多或少地在这个牢笼中扮演
> 了一定的角色。大部分时间，你们都是先扮演受害者，而
> 整出戏就是从这里展开的。

这时候，图特又显示一个画面给大家看。

幸雄从迷蒙的泪眼中，看到图特为他投射在墙上的一个倒三角形
图案[注1]。

拯救者　　　　迫害者

受害者

"这是受害者牢笼，"图特简明扼要地说，"下面这个角，代表的是受害者。"他看看幸雄，"左上角是拯救者的角色，右上角是迫害者。你们每个人一生中，都或多或少地在这个牢笼中扮演了一定的角色。大部分时间，你们都是先扮演受害者，而整出戏就是从这里展开的。"

"大部分人都只觉察到自己的受害者意识，忽略了另外两个角色也在生活中为你们带来困扰。"图特拿手在三角形上比了比，"人类的意识常常会在这个牢笼里面跑来跑去，比方说，"图特看着幸雄，"你内心觉得自己是父母不当教育下的受害者，你没有得到自己应得的关爱。而为了平衡这种心态，内在就会有一个声音告诉自己要更加努力，胜过别人。于是你就以辛勤工作、表现优异来作为报偿。"图特指了指拯救者的位置。

"但是，内心里还有一个声音告诉你，你永远都不够好，永远都没有办法获得父母真正的爱，因为——你就是不够好！"图特又指向迫害者的位置。

他一口气说完，又补充了几句："这是你们地球人很常见的意识活动模式，使自己陷在这个牢笼里面动弹不得。"

"而你……"图特又突然转向幸雄，"你心里把你的母亲看成受害者，觉得她是你父亲暴力阴影下的无助牺牲者，于是你想去拯救她。但是，一个孩子的力量能有多大？所以你的拯救一点也不成功。于是，你在内心深处认定了自己是个失败的人，有很深的挫败感。在无法承担

这么多的愧疚和挫败感之后，你又成了迫害者——瞧不起你母亲的脆弱无能。"

幸雄这时又进入半催眠状态，开始喃喃自语："可是我很孝顺啊，我赚很多钱给我妈……"

"是啊，但是你早年拯救她不成，在你后来的人生中造成了什么后果？"图特让幸雄消化一下，又接着分析，"你内心累积了很多愧疚，让你在生活中不自觉地扮演拯救者的角色。"

"是吗？"幸雄纳闷。

图特提醒他："你是怎么结婚的？"

幸雄突然想起，他和晓菲虽然从大学就认识，但是他迟迟不想结婚。后来那一年，晓菲的父亲过世了，看到晓菲伤心欲绝的样子，幸雄忍不住向她承诺要照顾她一辈子，于是两个人就在幸雄不是诚心想安定下来的状态下结婚了。

幸雄回头一看，一幕幕的往事在墙上放映着，无所遁形。结婚一段时间后，幸雄才发现，无论他多么努力，晓菲都不快乐，两个人就在受害者牢笼里走来走去，各扮各的角色，最终渐行渐远，幸雄最后还是落得一个"失败者"的感受！

图特又问："你为什么要为人作保？"

幸雄又无言以对了。是的，他从小就是个拯救者，路见不平，拔刀相助。只要朋友开口求助，幸雄很少能够拒绝。说得好听是"义气"，其实是这种"拯救者"情怀在作祟。

接着，墙上的画面竟然开始播放他和小蜜认识的经过。在酒廊里认识了这个北京姑娘，本来只是一夜风流，没想到这个姑娘很有手腕，看出幸雄不忍拒绝别人，认识没多久就跟他吐露自己坎坷的身世，说着说着还哭得像枝带春雨的梨花。幸雄不忍，两个人便开始认真交往，后面的故事大家都知道了。

图特这时候说："当你扮演别人的拯救者时，一定也扮演了迫害者的角色。所以，被你拯救的人最后都会怨声载道，让你的人际关系没有好下场。"

幸雄呆了半晌，觉得图特说得太准了，但他随即又恢复了直率的本色问："那怎么办呢？我看到自己在受害者牢笼中打转，该怎么走出来呢？"

"好问题！"图特赞道，台下的同学也都露出期盼的表情，"受害者牢笼的出口在哪里呢？"他故弄玄虚地看着大家，然后手指向三角形的下端，"受害者！因为这是受害者牢笼的起因，因此也必须在这里终结。"

图特认真地说："想要从受害者的角色中挣脱是没有用的，因为这样的尝试只会把你带到迫害者和拯救者的位置。"停了一下，图特宣布，"所以，要想脱离这个牢笼，你必须面对受害者的痛苦。只有化解整合了这个痛苦，你才能从牢笼中挣脱。"

向东突然说："这不是很矛盾吗？我们就是因为不想面对受害者的痛苦，才会创造出迫害者和拯救者的，现在反而要把面对这个痛苦作

为逃离的手段？"

图特用赞许的眼光看着一下就抓到重点的向东："是的，因为把你关到这个监牢里面的，通常是你对外在人、事、物的抗拒，你因抗拒而产生负面情绪，让自己沦为受害者。"

图特看看幸雄："就像幸雄的例子，他觉得父母没有以他想要的方式对待他，是因为自己不够好，所以他就成为受害者了。为了逃避自己的无价值感，他会借由拯救者和迫害者的角色，来帮助自己不去面对受害者的痛苦。"

图特又转过头来对向东说："所以，如果你能与自己的负面感受安然共处——例如愿意接纳自己的无价值感或自己的脆弱无力——那么你就会有足够的内在力量，可以更有效地去因应外在你不喜欢的人、事、物，而不会被困在受害者牢笼中了。"

最后，图特语重心长地说："这是关键所在，我们等一下会处理这个重要的问题。现在，让我们先看看受害者很容易采用的一种损人不利己的手段——报复。"

[注1] 克里斯多福·孟开设的课程中，常常用到这个模型，最初源自史蒂芬·卡普曼（Stephen Karpman）的戏剧三角形模型。

20

从报复心理解脱

转念作业

你跟真相较劲，输的永远是你。

幸雄不解地问："你口口声声说我在报复父母，可是自从我父亲过世以后，我可是个非常孝顺的儿子啊！"

图特答道："是的，那是你的表意识告诉你，要做一个孝顺的儿子来弥补你的愧疚。不过，表意识是敌不过潜意识里的动力的，那个动力就是——报复！"他继续说，"你收敛起你的光芒，隐藏你的天赋，招来一连串的失败打击，做一个一事无成、平庸的人，这就是你对父母最大的报复。持有这种报复心理，可以让你继续批判他们的错误，责怪他们。"

"可是……可是，"幸雄不解，"这对我有什么好处呢？"

"问问你自己啊！"图特不直接回答，"你想想，不原谅你父母，对你的人生有什么好处？"

幸雄此时头脑一片空白，直觉地回答："我可以不必为我的人生

负责，因为我的父母太糟糕了。他们不让我好过，我也要他们不好过。我的失败不是我的错，谁要我的父母是那副德行呢！"

图特说："很好很好，继续下去。"

"我要让他们看看，我是他们不负责任行为的受害者，是活生生的例证，证明他们的失败！"

幸雄讲到这里，突然回过神来说："可是，真正受害的是我自己啊！"

图特提醒他："报复是你潜意识的动力，在还没被你意识、觉察到之前，这个动力是无比强大，而且毫无理性的。但是，一旦你把它带到表意识上，整合它之后，它的力量就消融了，不会再像以前那样盲目地牵制你。"

幸雄立刻问："那要如何整合它呢？"

图特回答："你要宽恕你的父母，同时也要宽恕自己。"

幸雄打破砂锅问到底："那要怎么宽恕他们呢？我父亲已经过世了，我母亲虽然还在，但我总不能现在就冒冒失失地跑回家，告诉她：'我原谅你了。'"

幸雄情绪的起伏带动了全班的情绪，他唱作俱佳的表现，让有些人又开始哧哧地笑。

图特又好气又好笑地看着幸雄："我要先把你多年的一些错误信念揭露出来，才能开始疗愈。"

图特拿了一张纸给幸雄，并示意阿凸们给在场的同学都发一张纸。

图特指示大家按照纸上的格式，把句子完成。

"同学们，大家都来写，写出你心中的不满，写出你的愤怒。管他什么宽恕、原谅的，尽管骂吧！把你的积怨、不满、痛苦都表达在这张纸上，尽情地批判指责！"

幸雄看着纸，不假思索，三分钟就完成了这个作业[注1]。

❶我对父亲感到愤怒，因为他没有尽到一个父亲该尽的责任。

❷我要我父亲负起做爸爸的责任，让孩子有个幸福的家。

❸我父亲是一个顽固、不负责任、刚愎自用的人。

其他同学花了十分钟左右才做完。图特看大家写得差不多了，就让幸雄把自己写的第一句念出来。

"我对父亲感到愤怒，因为他没有尽到一个父亲该尽的责任。"幸雄照本宣科。

"这是真的吗？"图特问。

幸雄不解："当然是真的啦，我父亲真的很糟糕。"

图特问："你百分之一百相信，你父亲没有尽到一个父亲该尽的责任，是吗？"

幸雄想起来，父亲的暴躁，很多原因是来自工作的不顺利。他的上司很难相处，工作时间长、责任又重，他没有离开那份工作完全是为

了抚养家庭。所以，真的不能说他是百分之百的不负责任。

幸雄迟疑了："嗯，不完全是真的啦，但他的确在很多地方没做好一个父亲该做的。"

图特又问："'父亲该尽的责任'这句话是真的吗？"

幸雄说："当然是真的，做父亲的本来就有责任要做好一个父亲。"

"好！"图特说，"事实是什么？世界上的父亲都尽到他们该尽的责任了吗？"

幸雄迟疑地说："没有。"

图特说道："我们只看事实，不看应该。我们要热爱事实，接受真相，而真相就是：天底下不是每一个父亲都会尽到做父亲的责任的。对不对？"

写出你心中的不满，写出你的愤怒。管他什么宽恕、原谅的，尽管骂吧！把你的积怨、不满、痛苦都表达在这张纸上，尽情地批判指责！

幸雄不情愿地点头。

图特又说："你跟真相较劲，输的永远是你。这就像拿头去撞墙壁，希望墙壁能够移动一样，不是吗？"

幸雄抱着头，无言以对。他从来没想过自己是在和一个不可能改变的事实对抗。图特老师说得对，有些父母就是不尽责任，难道我们就要为此一辈子带着怨怼活下去吗？父亲是错了，但幸雄却抱着他的错误遗憾终生——这真是一个非常不理性的决定。

图特继续问："你现在想想父亲的样子，当你有'父亲应该尽到责任，结果他没有'这个想法的时候，在你眼中的他是什么样子？"

墙上出现一个正在咆哮的男人，摔东西、发脾气，然后重重地带上门离家而去。

幸雄说："我眼中的他是一个暴躁、不安于室的人。"

图特又问："如果，今天我把你这个想法——我的父亲没有尽到责任——从你的脑袋中移除，你失去这个想法了，你不再这样想了，那么，你心目中的父亲是怎样的人？"

墙上出现一个刚领了年终奖金的男人，带着大包小包的礼物回家。幸雄拿到一支冲锋枪，妹妹拿到一个洋娃娃，而妈妈开心地在一旁笑着，手上拿着爸爸送的水晶花瓶——上次吵架摔破的。爸爸不知道说了什么好笑的事，妈妈脸上的笑容像花一样绽放。

"嗯，"幸雄陷入美好的回忆中，"他是一个愿意付出、有人情味，而且有时很有幽默感的男人。"

　　"好的。"图特一拍手，把幸雄从沉思的状态
中唤醒，"当你有这个想法的时候，你父亲是个糟
糕的人；而当你没有这个想法的时候，你心目中的父
亲就变了一个人。"图特停顿一下，"你看看，你的
父亲没有改变，但是你的想法变了，你的感受也改变
了。那么究竟是你的想法，还是你的父亲，为你带来
了痛苦？"

　　幸雄愣愣地说："我的想法？"

　　"是的，是你的想法。"图特点头，"我现在
问你，你有没有看到可以让你放下这个想法的理由？
我不是让你放下它，我只是问你，有没有让你放下这
个想法的理由？"

　　幸雄缓缓地点了点头。

[注1] 这三个题目来自拜伦·凯蒂〔Byron Katie〕"一念之转"工作坊，英
文网站：http://www.thework.com，简体中文网站：http://blog.sina.com.cn/
wonderofyourlife。

21

全力往幸雄的内在深掘

面对受害者的痛苦

> 为什么我们的脑筋总是走一条相同的路线？即使这条
> 路让我们痛苦，我们也要坚持这条路是对的，从来没有考
> 虑过从另外一个角度走的可能性。

"好！注意，要下猛药了哦！"图特警告，"把这个句子的意思反转过来再念一次。"图特提示，"我没有对我父亲感到愤怒，因为我父亲其实——"

"其实尽到了父亲该尽的责任。"幸雄接口。

图特提醒："想想看，这句话有没有一点真实性？"

幸雄还在沉吟，图特又说了："你责怪你的父亲没有尽到责任，他其实也可以责怪他的父亲没有尽到责任，没有立下一个做好父亲的榜样让他学习。在他那样的教育背景下，他能做的就是那么多而已。你有没有想过，他在能力范围内，已经做到最好了？"

幸雄心口像是被人打了一拳，他从来没有从这个角度考虑过。是啊，他的父亲其实从小就是个寄人篱下的遗腹子，根本没见过自己的亲生父亲。没有一个好榜样，叫他如何学习？当时生活条件艰难，父

亲自己也不过是个二十多岁的年轻小伙子，就成家生子了，那么重的责任担在肩上，任谁也无法做好。幸雄把脸埋在自己手里，忍不住又啜泣起来。

图特等幸雄情绪平复了一点，又乘胜追击："所以，'你的父亲其实尽到了父亲该尽的责任'这句话的真实性，是否跟原来那句话的真实性不相上下，甚至更真实一点？"

幸雄点头同意。图特就说："是的，你看，你们人类就是这样，坚持一种想法不放，即使这个想法为自己带来无穷的痛苦，也还认为自己的想法是千真万确的，不肯改变。如果采用第二种想法，你的人生可能就会完全不一样吧？"

幸雄若有所悟："是啊，为什么我们的脑筋总是走一条相同的路线？即使这条路让我们痛苦，我们也要坚持这条路是对的，从来没有考虑过从另外一个角度走的可能性。这真是非常不理性啊！"

图特眨眨眼："是啊，人类其实不是理性的动物，你们是惯性和感觉导向的，尤其是在没有被唤醒以前。"

图特还不放过幸雄，又说："再把第一句话念一次，但是这次把你改成你父亲，你父亲改成你。"

这是什么意思啊？幸雄纳闷，不过还是照做了："我父亲对我感到愤怒，因为我没有尽到一个父亲该尽的责任。"一念完，幸雄就流了一身冷汗。是啊！幸雄自己也没尽到做父亲的责任，大部分时间都在大陆的工厂，留下儿子跟着母亲在台北。更糟糕的是，自己有了外遇，让孩子没能拥有健全的家庭——他将在单亲家庭中长大。幸雄此刻羞愧得头都不敢抬起来。父亲在天之灵是否会震怒？幸雄不敢想了。

图特不准备多说了，叫幸雄念第二句。

"我要我父亲负起做爸爸的责任，让孩子有个幸福的家。"幸雄越念声音越小，再也不那么理直气壮了。

"把你父亲改成你，再念一次。"图特不放过他。

"我要我负起做爸爸的责任，让孩子有个幸福的家。"幸雄的头低低的，有点无地自容了。

图特又问了一句："有没有人说你是一个顽固、不负责任、刚愎自用的人？"

幸雄被逼到了角落，无处可退，反而有了幽默感："你可以去访

人类其实不是理性的动物，是惯性和感觉导向的，尤其是在没有被唤醒以前。

问我老婆晓菲，她会给你满意的答案。"大家笑了起来，缓和了课堂中
严肃沉重的气氛。

图特说："把第三句念一遍，但是把你父亲改成你。"幸雄知道
要来的躲不过，还是硬着头皮念了："我是一个顽固、不负责任、刚愎
自用的人。"

他突然灵光一现地想到，这不也是一种心理投射的显现吗？他把
对自己的谴责，投射在父亲身上。或许也是因为自己始终没有原谅父
亲，反而不自觉地重蹈他的覆辙？

图特带着嘉许的眼光看着他说："你其实已经看到了，我们对别
人的指责，都可以在自己身上找到。这就是为什么我们前面提到，宽恕
是最重要的特质，因为原谅别人，就等于原谅自己。"

接着，图特拍拍幸雄的肩膀问："准备好了吗？"

幸雄纳闷："准备好什么了？"

"面对受害者的痛苦，整合你潜意识里的错误信念。"图特缓缓
地说，"因为，虽然你现在表意识上面已经了解了父母的苦衷，也能够
原谅他们了，但是在潜意识及能量层面上，你还没来得及做出相应的改
变。要把今天的觉悟和洞见深入你的潜意识中，并且在能量层面进行整
合，我们还需要进行一些疗愈的步骤。"

幸雄两手一摊，一副"来吧！老子准备好了"的表情。

图特指着全班同学问他："在这些同学当中，哪一个有着你父亲
身上你最不喜欢的特质？"幸雄眼光扫过向东，心想："如果你是男

的，我一定选你。"最后，他选择了澳大利亚人麦克，因为麦克一看就是刚愎自用、脾气暴躁的人。

图特点头："那么，谁代表你母亲身上你最不喜欢的特质？就是软弱无能、无法保护自己的？"

幸雄看了看，没多想就选了曼谷的坤儿。

"再选一个最能让你想到你父亲的真正面目，能让你感觉到父爱的人。"图特又指示。

幸雄选了香港的克里斯，他的形象最像幸雄的父亲，带着沉稳浓厚的父爱能量。

而理想母亲的人选，幸雄则选了东京的友子，她也是身形最像幸雄的妈妈，而且身上散发着温柔的母性气质。

图特让这五个人按照一定的方式站好：

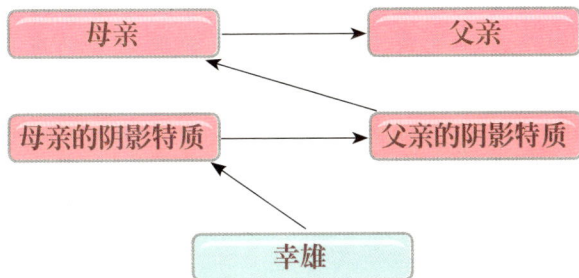

22

幸雄痛到不能呼吸
走出受害者牢笼的唯一途径

> 勇敢地面对你的脆弱，脆弱会让你有受伤、痛苦、恐
> 惧、负罪等不舒服的感觉，所以你会想要逃避它。记住，
> 这是你唯一的出路。

这时，教室内响起了优美的音乐，图特要幸雄随着他的引导慢慢地做。首先，他要幸雄把受害者的情绪和感觉带出来，感受那种从小追随他到大的伤痛。

墙上闪过一幕幕画面：

🍀 幼小的幸雄一个人孤寂地看着窗外，期盼爸爸回家陪他玩。天黑了，夜深了，爸爸才醉醺醺地回家，带回来的只是失望。

🍀 幸雄的小学毕业典礼，爸爸妈妈都没有出席。看着别人一家团圆的欢庆，幸雄默默地站在礼堂角落，希望自己消失。

🍀 十多岁的幸雄已经有一百八十厘米高了，跟爸爸吵架。爸爸甩了他一巴掌，比爸爸高壮的幸雄几乎要动手报复，但是手举到一半，还是放了下来，只是恶狠狠地瞪着爸爸，最后夺门而出。那

天晚上，幸雄没有回家，但那也是爸爸最后一次动手打他。

离家出走的幸雄被人找回家时，才知道爸爸车祸身亡的消息。
好面子的他没有流一滴眼泪，只是一个星期都没有开口说话。

这时，眼泪又不听话地在幸雄脸上奔流，这个大男人压抑了多年的情绪，终于忍不住狂泄出来。他跪在地上哭号着："不是我的错！不是我的错！爸爸！爸爸！原谅我！"

图特沉稳的声音从很遥远的地方传来："面对你的脆弱，这是从受害者牢笼走出来的唯一途径。"

"很痛！很痛！"幸雄捧着自己的胸口，几乎不能呼吸。

"勇敢地面对你的脆弱，"图特鼓励他，"脆弱会让你有受伤、痛苦、恐惧、负罪等不舒服的感觉，所以你会想要逃避它。记住，这是你唯一的出路。"

幸雄痛苦地跪在地上，身体扭曲成一团，几个同学七手八脚地在扶着他。

图特也跪了下来，在幸雄身边耳语："深呼吸，深呼吸，幸雄，把呼吸带到你痛苦的地方。"在图特的指引下，幸雄的呼吸比较平顺了，也慢慢沉稳下来，但脸上的表情还是痛苦不堪。

图特又指示他："呼求光，呼求爱。想象有一道光从你的头顶进来，随着你的呼吸进来，进入你脆弱痛苦的核心所在，让这个高振动频率的能量来整合你低频率的能量。"

勇敢地面对你的脆弱，脆弱会让你有受伤、痛苦、恐惧、负罪等不舒服的感觉，所以你会想要逃避它。记住，这是你唯一的出路。

这时候，周围的同学都把手放在幸雄身上，给他能量的支持。

过了好一会儿，幸雄逐渐恢复正常，睁开迷蒙的双眼，看着图特。

图特点点头说："很好。你整合了自己内在的脆弱和痛苦，下次再有这种痛不欲生的感受时，不要逃避它，勇敢地和它面对面，呼求爱和光来帮助你。"

图特耐心等待幸雄的情绪进一步平复后，温柔地问他："你准备好要进行下一步的整合了吗？"

看到图特眼里的鼓励和温情，幸雄缓缓地点头。

"好，现在我要你站到母亲的阴影特质前面，感受到自己内在和她一样脆弱无助，然后拥抱她，接纳这个特质。"图特指示着。

幸雄站到矮小的坤儿面而前，深深地看进坤儿湿润的眼睛里。他看到了软弱、无助、恐惧、悲伤等，这些都是他平常最不喜欢看到和感受到的特质。

这次，幸雄勇敢地在自己的内心找出那个相应的部分。是的，幸雄绝对有脆弱、柔软、无助的一面，只是被他隐藏得很好。幸雄感受到了自己的脆弱，而由于刚才的经历，他已经有能力去接纳自己的软弱了。

看着柔弱的坤儿，幸雄突然升起了一股勇气，那是超越软弱、接纳软弱之后才能拥有的勇气。他紧紧地把坤儿抱在怀里，深深地接纳了她的脆弱和无助，然后把自己内在升起的勇气和爱心回报给她。

幸雄感受到，坤儿原来紧绷着的身体慢慢柔软下来，变成像一个婴儿一样，任由幸雄拥抱着她。两个人的能量已经融合在一起，穿越了

恐惧的幻象，到达了喜悦轻盈的彼岸。

幸雄带着坤儿走向麦克。他直视麦克的眼睛，看到了桀骜不驯的傲气、顽固不化的执着，以及缺乏自信的防卫。幸雄诚实地在自己的内心里搜寻："是的，我也有，这些我都有。这就是为什么我这么不喜欢这类人的原因。"

看着麦克，幸雄心里逐渐升起了慈悲心——一份给予自己，然后也能给予他人的慈悲。他张开双手拥抱了麦克。起初，他感受到麦克的防卫、紧绷，但幸雄还是不断地把那份升起的慈悲给自己，也传送给麦克。

随着能量的传递，麦克的身体渐渐放松，戒备也逐渐松弛。在幸雄源源不断的慈悲能量供应下，麦克也穿越了自己的重重防卫，而感受到自己心里的那份慈悲，并回报给幸雄。

两个男人，加上坤儿，一起体会这个神奇的时刻，心里充满感激。

过了一会儿，图特说："好！你已经整合了阴和阳的两个负面特质，现在是与你父母重新联结的时刻了。"图特指引幸雄走向代表他母亲的友子。

幸雄在坤儿和麦克的陪伴下走向友子，感觉他是一股完整、蓬勃的能量，正在接近另外一股温柔而有吸引力的能量场。

"妈妈，"幸雄轻轻呼唤，"妈妈！"幸雄紧紧地抱住友子，"我爱你。我不需要拯救你，也不用再迫害你，我就是爱你本来的样子，我就是爱你。"

幸雄感觉到友子的身体在颤抖，在消化吸收一下子涌进来的这么

多爱的能量。过了一会儿，幸雄感觉到友子身上也开始回荡着一股爱的
能量，和他的能量交互起舞，带来了欢悦的喜庆。

　　幸雄的脸上泛出极度喜悦的光芒，他带着友子、坤儿及麦克，一
同走向克里斯。幸雄看着克里斯豪迈、敦厚、稳重的男子气概，不由得
产生孺慕之情。"爸爸，"幸雄呼唤着，"爸爸！"他终于说出这一辈
子没有机会对爸爸说的话，"我爱你！"

　　在克里斯大手的包围下，幸雄感到无比的温暖。厚实沉重的男性
能量，配上轻柔包容的女性能量，在幸雄的身体里产生了无比欢愉的感
受。此刻幸雄再也没有匮乏、自怜、防卫、恐惧的感受了，取而代之的
是一股崭新的喜悦——是他从来没有经历过的。

23

放下防卫层

接触核心真我

当你愿意面对自己的脆弱，接纳、拥抱它的时候，你
就会穿越它，进而进入核心真我，找到喜悦、安详、自在
的感受。

音乐到此结束。

拥抱成一团的人逐渐彼此松开，回到自己的座位上。看着幸雄悲喜交加的脸，图特说："恭喜你！"幸雄真诚地说："谢谢你，图特老师。"

图特拍拍幸雄的肩膀，示意他回座，然后面向大家说："你们看到了吗？无论是拯救者或迫害者，你想要拯救或怪罪对方的那个部分，都是你自己拥有但不愿意去看见的——而且是你身为受害者才会感受到的。所以，"他停顿了一下，"从受害者的脆弱情结出发，去接纳，去整合，才是跳脱受害者牢笼的唯一出路。"

接下来，他又示意阿凸在每个人的桌上展示一张图片。

大家首先看到的是一个三层的同心圆，圆圈的正中央写着：

"这是你们每个人的本来面目，在最核心之中。

"但由于小时候大部分人的很多需求都没有被满足，于是，有很多受伤的感受和情绪会附着在核心真我外面。

　　"但是，因为这一层太脆弱、太痛了，让你不想再去接触它，所以你的心灵就会发展出第三层的外壳，作为保护。

　　"这一层就是我们的社会面具，也就是你想要别人怎么看你。"图特指指最外面那一圈，"为了让大家看到你想要他们看到的你，你很辛苦地去操纵别人，用各种行为和成就来假扮自己，并且在这个防卫层上准备了各种防卫武器，以备不时之需。"

　　图特看看大家，提出了他的问题："大家都知道这层鳄鱼皮的好处，就是保护你不想让别人看到。那它的坏处是什么呢？"

　　还是向东最快回答："你活得很累、很辛苦、很不真实。"

　　正熙也举手："你和别人的互动、往来都会在这一个层面，动不动就会亮出防卫自己的刀枪，因而引起一些人际关系的冲突。"

　　"很好！很好！"图特赞赏两名女弟子，"人际关系间的冲突，绝大多数是因为双方都停留在防卫层与对方沟通。如果愿意从脆弱面去沟通的话，你们地球就不是今天这个局面了。"

　　"所以，"图特宣布，"要想疗伤止痛、接触到我们的核心真我，就要愿意放下防卫，进入自己的脆弱层，就像今天幸雄进行的过程一样。"图特看看幸雄，"当你愿意面对自己的脆弱，接纳、拥抱它的时候，你就会穿越它，进而进入核心真我，找到喜悦、安详、自在的感受。"

　　"图特老师，"坤儿举手，"我们的防卫层那么强壮，如何能放下它呢？"

　　"很好的问题。"图特点头，"首先，你可以从自己的想法着手。我们今天帮幸雄做的'转念'作业，就是一个起点。我们在第一阶段的时候，不是教大家如何去观照自己的念头了吗？"大家点头，"光是观看自己的念头，其实就已经对生活有很大帮助了。而今天这个转念方法，就是要去检验你的想法是否为真。"

　　麦克提问："图特老师，今天我们也看见了，其实一件事情可以用很多不同的观点来看待，而且它们的真实性都是不相上下的。但是，为什么我们很多人都始终执着于一个观点，紧抓不放，然后让自己受苦呢？"

　　图特显然对学生们的进展感到非常满意，一张脸都笑开了："是的，是的，这就是我说的信念和伤痛造成的影响。因此，这个转念作

业虽然可以帮助你们看见自己有些偏执的信念，愿意放下它，但是由于情绪会从中作梗，让你无法轻易放下，所以，你们还要进行情绪的疗愈。"

　　图特又叫阿凸投射了一张资料给大家看。他嘴不停地解释："所以，每当你产生痛苦的情绪时，你需要有勇气去全然地面对它、经历它、表达它，然后进行情绪疗愈的步骤。这个方法可以帮助你面对自己脆弱的情绪，然后整合它。"图特宣布，"这就是今天回家后要做的功课。"

24

你竟敢瞧不起我

情绪疗愈的方法

> 不舒服的经验是一条让你更加了解自己的必经之
> 路，它没有对错，不需要你去抗拒或否认。它出现的目
> 的是要帮助你成长，让你知道自己真正是谁，而不是来
> 找碴儿的。

又是一个北京的清晨，只不过春天快来了，窗外的树梢看得见有
些绿色的枝芽在往外冒。

向东同样起了个大早，坐在餐桌前看着手上的笔记，这是图特说
的一段话：

> 当我们活生生的真我开始躲藏——因为要讨好父母以获得存
> 活——一个虚假的、共依存的自我就出现了，因此我们就失去了
> 对真我的觉知，浑然忘却它的存在。我们和自己是谁的真相失去
> 了联系，逐渐地，我们开始认为自己就是那个虚假的自我，因此
> 习惯和上瘾就开始了。

向东手上拿了根烟，一直没点，因为图特说："我们的上瘾症，

多半也来自幼时的需求被拒而引起的创伤。你不想去面对那个隐隐约约、时不时发作一下的痛，所以用上瘾行为来逃避那种'感觉'。"

向东前年生了病，医生要她戒烟、少吃肉。少吃肉向东做到了，可是戒烟真的不容易，她最多只能做到少抽。向东闭上眼睛，搜索着自己身体内想要抽烟的冲动到底是从何而来。她隐约觉察到心口有一块地方非常沉闷，她非常不想面对它，因此，抽根烟似乎是个解决之道。

但是，毕竟现在向东的意识层次提高了，她并没有强迫自己戒烟，只是好奇地把自己当作实验对象在研究：是否能够有觉知地抽烟，或者，可以用觉知来替换烟瘾？

"如果我胸口的这个沉闷会说话的话，它会告诉我什么？"向东好奇地等待着答案。接着在静默中，居然升起一个愤怒的声音："你竟敢瞧不起我？"

向东惊讶地观察到，这个声音一升起，立刻带动了胸口的阵阵涟漪，一股负面的能量向四周散去。向东的手脚立刻有些麻麻的感觉，浑身上下极不舒服。

这就是她生命的基调吧？虽然向东从小到大一帆风顺，美丽能干，学历又好，但是她始终都像一只随时戒备的刺猬。只要有人挑战她说的话，或是损害她的面子或利益，她的防卫层就会全面戒备、全副武装。

"对事不对人"始终是向东在大公司里面最学不好的功课。只要公司的其他主管在谈话中，不经意地评论人事部的工作绩效或人员等，向东就会进入全面警戒状态，让别人不敢越雷池一步。

　　向东都可以想象自己在面对这类事情的时候，她的防卫机制红灯、警铃同时大作，全身每一个细胞都进入防卫甚至攻击状态的盛况："危险！危险！敌人！敌人！"

　　为什么向东会把别人的行为都解释成"瞧不起她"，而且觉得都是针对她个人而来的呢？为什么向东那么怕别人瞧不起她？连向东自己都感到困惑。她从小并没有被别人瞧不起过，妈妈早逝，爸爸带着姐姐和向东过生活，一直也没有再娶，所以向东虽然打心里不喜欢暴躁粗俗的父亲，但对于他不再娶的行为还是很感激的。

　　那么在生命中，是谁让向东觉得最被瞧不起呢？当然是那个该死的王宏。

　　向东把生命中最宝贵的五年都花在这个男人身上。王宏对向东虽然宠爱有加、无微不至，也能忍受向东时不时发作的火暴脾气，但是，他在两人交往还不到三年的时候就开始劈腿，另结新欢。最恶劣的是，他存心欺瞒向东，还希望维系跟向东的恋情。

　　"这怎么可能！你以为我是谁啊？这么被你作贱？"向东一想起这件事，手就气得发抖，胸口就更沉重、更闷了。她习惯性地抓起了烟要点火，突然想到图特的叮咛——"回去要试试情绪疗愈的方法哦！"

　　向东愣了半晌，放下烟，拿起自己的笔记。

情绪疗愈的步骤：

❶看到自己的不舒服（痛苦）：接受自己的不舒服与外在刺激
（人、事、物）无关这个事实，而试着去看见：这是你内在一
个多年的旧伤被触动了。

向东显然已经看到她的不舒服了，但是她认为这个不舒服是那个男人
引起的。现在她要做的就是：了解事过境迁了，那个男人早已淡出她的生
活，她之所以还会这么生气，是一个多年的旧伤被触动了。向东的好奇心
又升起，想看看究竟是什么旧伤在作祟。以前这个不舒服的感觉一出现，
向东就用各种手段来逃避、压抑、转移，这次，她决定试着面对。

❷充分地去体验那个不舒服的感受，把它当成一个正在撒泼的孩
子，全神贯注地和它同处于当下。想哭就哭，想发脾气就打枕
头，想骂人就骂，充分地把这个情绪表达出来。

向东突然感觉自己内在不舒服的那股能量在逐渐扩大，突然变成
了巨大的愤怒，不管这个情绪是针对谁的，都不重要了。她抓起一个枕
头，把自己所有的怒气都发泄在上面，让自己内在受阻、停滞的能量流
动起来。她又哭又打又骂，让自己平时压抑的委屈和愤怒完全展现出
来，尽情地表达它们自己。

❸发泄完了以后，慈悲地观照自己，继续觉察自己身体哪个部位有

闭着眼睛，慢慢放松呼吸，温柔而慈悲地拥抱你的不舒服。

紧绷或不舒服，把呼吸轻柔而慈悲地带到那里，轻轻地安抚它。

向东感觉胸口压抑的能量开始流动了，同时感到胸口隐隐作痛，这些能量压抑太久了吧，被忽视太久了吧。向东把呼吸轻轻地带到自己胸口的正中央，和那份不舒服的感受在一起。闭着眼睛，慢慢放松自己的呼吸，向东有生以来第一次静静地观照这个不舒服，与它纯然的同处于当下时刻。

❹如果你愿意，此刻可以呼求不同的更高力量来帮助你——更高力量可以是一个神祇，或是你内在的至善力量，或是你可以通称它为宇宙——让这个最高力量把光带进来，拥抱着你不舒服

的那个部位，像抱着一个受伤的脆弱小孩一样。温柔而慈悲
地……

向东此时觉得，那个不舒服的感觉还是挥之不去，虽然已经有一
份畅快的感受了。于是她就开始按照图特的指示，呼求光和爱的最高力
量来。她不断想着："光和爱，请你们来到我身上帮助我。"带着这份
意念，她把自己的不舒服想象成一个顽皮撒娇的孩子。此刻她突然感觉
到，好像真的有源源不绝的光和爱进来，让她能够充满爱心地对待这个
调皮的小孩。

向东闭目静坐。不知道过了多久，她在一种新鲜奇妙的感受中睁
开眼睛，觉得眼前的世界好像都涂上了更鲜艳的色彩，整个人觉得好轻
松、好自在。如果刚刚她选择抽烟的话，绝对不会有现在这样的感受！
她觉得这个情绪疗愈的方法，真是非常神奇！

25

觉得自己不够好

用转念对付想法，用情绪疗愈应对情绪

看到自己重要性的人，总是获得尊重和敬爱；如果
你自己都感觉不到自己的价值，你如何在外面找得到？

　　刚才的经历对向东来说真是新鲜又有趣，她感觉自己的内在有一
个温柔的地方被触动了，这就是图特以前说的"内在成人"吗？这个内
在成人是否可以支持向东内在那个不知道为什么，但是却极度害怕被人
家瞧不起的自卑小孩呢？

　　向东看看手上的笔记——转念作业单。她在课堂上简单地写下了：

❶我对王宏感到很生气，因为他瞧不起我。

❷王宏应该跟我道歉。

❸王宏是一个不尊重别人的人。

　　向东决定做做这个转念作业。按照图特的问法，向东开始问自

己："这是真的吗？王宏真的瞧不起你吗？"

向东不敢确定了，因为王宏在其他方面对她都好得没话说，但他的花心真是令向东不敢恭维。

向东想："他的花心劈腿，就是对我不尊重吗？有没有其他可能性？"

"当然有！"向东恍然大悟。她可以不接受王宏的行为，但不必认为这是针对她个人的侮辱，或者认为因为她不够好，王宏才这么做的。即使王宏跟戴安娜王妃交往，还是有可能会偷腥，因为那就是他在当时情况下的本色，不因人而异的。

向东这种认为所有事情都是冲着她来的态度，让她行事为人常常丧失理智，做出一些很莽撞、冲动的事，真是得不偿失。

那么这句话的反转句是什么呢？

❶王宏对我感到很生气，因为我瞧不起他。

❷我对我自己感到很生气，因为我瞧不起自己！

向东惊讶地发现，这两个反转句的真实性，完全不亚于前面那一句。王宏以前常常抱怨向东太大女人主义，不够尊重他。而根据投射原理，向东当然瞧不起自己，才会认为别人瞧不起她！

像是被醍醐灌顶似的，向东愣在原地，想起图特老师上课时说过的话："看到自己重要性的人，总是获得尊重和敬爱；如果你自己都感觉不到自己的价值，你如何在外面找得到？"

向东觉得自己真的是对自己太过严苛，就是一个十足的完美主义者。完美主义者的初衷是什么？就是觉得自己不够好，所以才处处苛求自己要做到最好、最完美！

向东现在读第二句和第三句都有点不好意思了，她把它们直接反转过来：

❶我应该跟王宏道歉（没错！）；我应该跟自己道歉（当然！）。

❷我是一个不尊重别人的人（绝对的！）；王宏不是一个不尊重别人的人（也是对的！）。

向东真的觉得不可思议，这个转念作业的威力竟然如此强大，让她看见自己以前不曾看见的盲点。用这个一念之转来对付想法，再用情绪疗愈来应对自己的情绪，向东觉得自己已经是功夫、兵器都齐全的武林高手了。

用功的向东继续回顾上课做的笔记，她很好奇图特一直在说的"潜意识动力"究竟是什么。图特在课堂上指出，幸雄的潜意识动力之一就是"报复"，把自己弄得惨兮兮的。

矛盾的是，幸雄另一个潜意识动力是"愧疚"，老觉得自己欠了全天下人，所以常常要充当拯救者。在内在无名愧疚的驱使下（其实那份愧疚是来自无法成功拯救母亲的愧疚，还有未能见到父亲最后一面的

遗憾），幸雄常常很难跟别人说"不"，最后也因为这个毛病而几乎身败名裂。

那向东的潜意识动力又是什么呢？弄得一把年纪了还嫁不出去，得去领养一个孩子来安慰自己。她已经感觉到自己的潜意识动力是来自"我不够好"，但这颗"我不够好"的种子，究竟是如何种下的？又是如何影响向东的亲密关系呢？如果知道了答案，是否能够追根究底地查出原因，而疗愈她的伤痛呢？

向东的脑子现在是一团乱，这时候，笔记中掉出一份资料，是图特最后发给他们的。

"家族系统排列"？向东从来没听过这玩意儿，可是图特鼓励他们去马来西亚参加这个研讨会，他还特别告诉向东："你一定要去！"

向东上网查了一下有关家族系统排列[注1]的资料：

　　海宁格先生的家族系统排列（Family Constellations）是目前欧洲心理辅导界与心灵成长团体中相当盛行的辅导方法，由德国心理大师伯特·海宁格（Bert Hellinger）整合发展而来。海宁格认为宇宙间有一个隐藏的规律（他认同这个规律为老子所说的"道"），这规律不但及于万物，也运作在人类的家族系统（family system）内，我们可以称之为"爱的序位"。

　　当我们的生命不再和谐，发生了家庭失和、身心疾病、感情挫折、人生困境、事业失败等负面事件时，其实并非偶然，常常是因为这隐藏的规律被破坏了，许多伤害甚至会重复发生，从上一代延续到下一代。

　　家族系统排列就是要帮助我们辨认出这个隐藏的规律。指导老师借由角色扮演的方式，让问题的根源得以揭露，并进一步调整家族中"爱的序位"，使一切回复秩序与平衡，让爱重新流动。这个方法不仅可以处理家庭问题，还可运用在工作、人际关系及企业组织上。

　　看起来真的挺有趣的。向东检查了自己的行事历，似乎可以成行，于是她拿起电话，准备报名。

［注1］家族排列繁体中文网站：http://www.epicycles.org ，http://www.hellinger.com.tw。

26

向东的原生家庭发生了什么事
家族排列

> 每一个家族成员都不能被排除在外（就是不能遭到遗忘或否认），否则一定会有一个其他的家族成员来代表他，也就是说，这个家族成员会受到那个被排斥的家族成员能量的牵连，因而出现异常的行为。

家族排列的会场设在马来西亚吉隆坡的一个酒店里面。进了会场，向东第一次在地球上看到这些日子以来，常常夜里在太空相见的同学们。看到了幸雄，向东对他莞尔一笑，带着几分羞涩和善意。

那天看到幸雄的童年往事和疗愈过程，向东被触动了，没想到这个大而化之的粗鲁男子，还有这样悲戚的前尘往事。幸雄瘫在地上痛哭时，在他身上扶持的众多温暖的手中，有一只是属于向东的。

幸雄看到向东，兴奋地过来打招呼："嗨！北京姑娘，你也来啦。"

向东只是笑笑，没回话。幸雄英文不好，和大部分的同学都无法交流，这里可不是图特的太空舱，没有多国语言翻译机，还好大会设置了中文翻译，要不然幸雄还真听不懂那个八十几岁的德国老爷爷的英语。

幸雄语言不通，只好挨着向东坐，他们运气很好，都坐在会场的第一排。向东拿了一份自己在网络上搜索打印的家族排列资料给幸雄看。"简体字，看得懂吗？"向东促狭地问。

幸雄拍着胸脯说："没问题，别忘了我在大陆住过好几年呢！"

人称海爷爷的德国老先生一出场，全场立刻安静下来，气氛和能量也开始有所变化。主持人宣布了上课的守则之后，课程很快就开始了，没有多余的开场白，老先生一下子就进入状态，开始工作。

幸雄和向东是第一次来上这种课程，对于整个过程进行的慢速度有一点不习惯。幸雄凑在向东耳边说："他们在干什么啊？"向东正要解释，旁边的人已经在"嘘"，要他们安静了。

原来家族排列是一种特殊的治疗方式，个案当事人先描述一个自己的困扰或问题，然后老师会找代表上来扮演与当事人问题有关的人或事。担任代表的人完全不知道当事人的情况，他们的任务就是放空、放松，跟着感觉移动。

不同于心理剧的是，家族排列不说很多话，也不做很多动作或演出什么剧情。代表们一上来，按照老师的指引站好位置后，一种能量就接管了现场，代表会自发地出现一些表情、动作，自身的能量也会受到他所扮演的角色的牵引。

第一名个案是一名妇女，她抱怨十岁的女儿常常生病，而且脾气很坏。

老师没问太多问题，就开始叫人上台担任不同的角色，有人代表她，有人代表她老公，有人代表她女儿。老师看看排出来的情况，不知道为什么，又叫一个人上来躺在地上。这个人一躺下来，扮演女儿的人

就一直低头看着他。

　　老师看了这个情况就说，这个躺在地上的人，是一个被他们家族遗忘和排除的成员，所以女儿会受到这个能量的牵引，而有一些偏差行为。

　　在家族排列的理论中，每个家族有自己的共同灵魂，它影响着每一个成员，而家族系统有一个系统性的规则：每一个家族成员都不能被排除在外（就是不能遭到遗忘或否认），否则一定会有一个其他的家族成员来代表他，也就是说，这个家族成员会受到那个被排斥的家族成员能量的牵连，因而出现异常的行为。

　　老师最后让所有角色拥抱在一起，对躺在地上的那个人鞠躬致敬，在灵魂、能量的层面上都认可他，然后让大家解散。

　　向东在网络上看过这样的例子，据说回去之后，那名妇女的女儿会开始有一些细微的转变，行为就不会那么乖张了，因为那个家族成员的能量被接受、承认之后，会进入整个家族的能量场中，逐渐稳定下来，不会

再牵连她了。

此刻在现场，向东深深受到这个排列能量场的震动，觉得这个老先生实在太神奇了。他口口声声提到老子的"道"，其实，他本身何尝不是老子的化身？

冷不防地，台上居然叫到她的名字，向东被抽到个案了！幸雄开心地拥抱向东，向东尴尬地起身，快步跑向台上，手脚紧张得不听使唤，坐在老师身旁的时候，几乎都要晕过去了。老师带着高雅的微笑，透过眼镜直视向东，眼神充满悲天悯人的情怀。向东从来没看过这样的一双眼睛，立刻被老师温柔慈悲的能量给征服了。

老师缓缓开口："你有什么问题吗？"

向东想了想，简明扼要地说："我找不到好男人，准备自己过一生，已经去领养一个孩子了。"老师听完也不看她，抬头看看上面，然后又低头缓缓地问："你的原生家庭发生了什么事？"

向东在老先生的能量场中，又在众人的焦点之下，一下子进入如痴如醉的状态。不知道从哪里来的力量，她居然和盘托出自己对别人绝口不提的往事。

一开口，向东就好像进入了时光隧道，幽幽地述说自己不曾目睹的惨剧——她刚出生，才几个月大，爸爸和妈妈吵架，结果爸爸打了妈妈一巴掌，妈妈一时想不开，趁爸爸不注意，就从七楼的阳台跳了下去。

向东在几个月大的时候，就失去了母亲。

27

不哭的向东终于溃堤

终结问题的根源

每个人都要尊崇、认可自己血缘的源头，一个人如果想要过好的生活，一定要孝敬父母，真心地敬爱父母和他家族的长辈，否则，就算外在事业丰足，这个人还是不会有真正的快乐和好运的。

　　所有人都被向东的悲惨故事所震撼，好长一段时间，全场安静得连一根针掉在地上都听得见。老先生低头沉思了好一会儿，又突如其来地问一句："你父母为什么吵架？"

　　向东耸耸肩，无所谓地答道："听别人说，爸爸不满意妈妈连续生了姐姐和我两个女孩子，说她肚子不争气，有本事就生个男孩子看看。妈妈只是回了一句：'本事在你身上，又不是我！'爸爸听了勃然大怒，赏她一巴掌，她就……"

　　老先生听到这里，点点头站起来，开始端详同学们，准备叫人上台担任角色，开始排列。他看到坐在第一排的幸雄，就叫他上去，幸雄求之不得，一个箭步冲上台。旁边的助教指示幸雄："你扮演她的父亲。"

　　很巧的是，海爷爷又叫了坤儿上台，扮演向东的母亲，并且让幸雄和坤儿面对面地站着。这个能量场的阵容一摆好，向东就觉得浑身不对劲。刚才还若无其事地好像在说别人的故事，她可以完全置身事外，此刻她却感觉有一股巨大的悲哀能量从头到脚灌顶而下，让她不由自主地打了一个寒战，手脚立刻变得冰凉。

幸雄一站好，就觉得胸口升起一股很奇怪的情绪。看着对面的坤儿，他突然感到无比愧疚，愧疚到他想立刻冲过去拥抱她，甚至跪地求饶，只要她能原谅自己。但坤儿却只是漠然地看着他，甚至还退后了几步。

一旁的向东看到这样的场景，此时已经忍不住开始啜泣了。从小到大很少哭的向东，根本没想到自己会在几百人面前这样垂泪，不能自已。

老师这时招手示意向东入场。一踏进那个能量场，向东和母亲（坤儿）立刻相视大哭。

坤儿看着向东，心里有一千万个歉意和不舍。孩子还在襁褓中，就丢下了她，再怎么狠心的母亲也做不出来啊，当时真是鬼迷心窍了，竟然如此没有理智。坤儿的感觉是："女儿啊，妈妈对不起你，真舍不得你。这么多年了，你出落得如此如花似玉，妈妈看到你又激动、又伤心。"

向东看着母亲，心中压抑多年的泪水早已决堤："妈妈，妈妈，我好想念你啊！你为什么丢下我？妈妈，我需要你，需要你啊！"母女相望，如此沉重的伤痛，多年的思念、悔恨、失落、无助……种种人世

间的酸甜苦辣情绪，都在这一刻完全呈现。

幸雄在一旁慌了手脚，看着自己心爱的两个女人相视垂泪，自己也不知道该如何是好。幸好老师叫了向东的姐姐入场，在一旁扶持爸爸。扮演姐姐的人一上来，也无可避免地开始号啕大哭。

老师在一旁耐心地等待四个人的能量慢慢整合，然后他示意坤儿说："谢谢你，把两个女儿带得这么好！"坤儿照做了。幸雄一听，泪水不听使唤地落下，哽咽地说："孩子的妈，我对不起你啊！对不起！对不起！"幸雄也忍不住开始大声哭泣。

停了好一会儿，老师问坤儿："你还有什么要说的？"

坤儿此时居然冷静地对幸雄说："是时候了，我该走了，跟你的所作所为无关。"

幸雄这时说："你放心地走吧，我会好好照顾孩子的。"

夫妻两人此时相对无言，唯有泪千行！

全场鸦雀无声地注视的这一出家庭悲剧，此刻产生了戏剧性的转变。

原来向东的妈妈就只是时候到了，该走了，就算向东的爸爸不打她，她也会找另外的方式结束这次的人生旅程。这些都是在灵魂层面的决定和约定，不是我们人脑的表意识可以理解的。

老师最后指示他们四个人抱在一起，大家痛哭个够，也让多年来的悲欢离合做一个总结。

向东和姐姐错怪了爸爸这么多年，致使两个人的亲密关系都出现严重问题。向东一直未嫁，姐姐却是离了两次婚，现在索性搬去和爸爸

同住，也不打算再找男人了。

　　而向东的父亲背负了这份血债这么多年，心头的悔恨一直啃噬着他，他终身未曾再娶。他的身体也一直不好，不到七十岁的人，看起来格外苍老，一身是病。

　　这次排列结束之后，海爷爷语重心长地说了几句话："中国人说的慎终追远，是很重要的。每个人都要尊崇、认可自己血缘的源头。一个人如果想要过好的生活，一定要孝敬父母，真心地敬爱父母和他家族的长辈，否则，就算外在事业丰足，这个人还是不会有真正的快乐和好运的。"

　　向东回到座位上，几乎瘫在幸雄怀里。她喃喃自语："我真的不知道，我真的不知道，爸爸，爸爸，妈妈，妈妈……"幸雄一直安慰她、支持她，最后看向东实在撑不住，就带着她回房休息去了。

28

你是属于哪一边
平衡男女特质

> 孩子是不会恨父母的。表意识上也许会，但是心里
> 的最深处，尤其是他们还小的时候，面对父母的不是，
> 他们只会责怪自己，不会把责任放在父母身上。

太空舱的大课堂里闹哄哄的。大家愈来愈熟悉，也愈来愈热络地谈天说地、闲聊家常，但向东直挺挺地坐着，好像陷入沉思之中，没想要和谁聊天。幸雄看她这个样子，也不敢跟她打招呼。

图特走进来，大厅立刻安静下来。图特看看大家，眼光最后落在向东身上，并温柔地示意她到前面来，坐在图特身旁。

向东坐下来，从容地看着大家。图特开口了："怎么样？家族排列……"

向东缓缓地回答："很好啊！解开了我心中多年的一个结。但我不明白的是，我问海爷爷的问题是我自己亲密关系的障碍，这跟我恨我父亲有什么关系呢？"向东现在也顾不得什么面子了，只管把自己心头的疑惑和盘托出。

"嗯，"图特点头，"我们从头来说。首先你要明白一点，孩子

是不会恨父母的。表意识上也许会，但是心里的最深处，尤其是他们还小的时候，面对父母的不是，他们只会责怪自己，不会把责任放在父母身上。因为对每个孩子来说，父母就是神，是他的生命所倚赖的源头。"他看看向东，怜惜地说："你那么小就失去母亲，如果不责怪父亲的话，你会如何责怪自己？"

向东低头沉思了好一会儿，然后说："嗯……父母是因为我的性别而吵架的，如果我要责怪自己，就是怨自己不是男儿身喽！"

"没错，"图特赞许，"很好。所以，你会不断压抑自己的女性特质，尽可能活得像个男人一样。而且，你最怕别人因为你是个弱势的女性而瞧不起你！"

这句话让向东怦然心动，难道这就是她潜意识动力的由来？最怕别人瞧不起自己，因为她自惭形秽自己是个女儿身？她看看图特，突然浮现一个问题："我怎么样压抑自己的女性特质呢？"

图特笑笑，示意阿凸给大家看一个图表[注1]。

男性化/阳	女性化/阴
太阳 热 干	月亮 冷 潮湿
天 父亲	大地 母亲
光 照亮	黑暗 影子
脑 理性思维	身体 本能 本性 性

分析　逻辑　线性思考	感觉　流动的
泾渭分明　贴标签	联结　关系
批判	接受　接纳
结构　控制　秩序	无秩序　混乱
可信赖的　可依靠的	即兴　不可预料的
根据资料得知	直接知道　直觉
目标　表现　完美	非竞争性的
达到　完成	进行　治疗　关怀　滋养

　　图特让向东研究了几分钟后，开口问她："你觉得自己属于哪一边？"

　　向东看看，很直截了当地说："左边！理性思维、逻辑、泾渭分明、批判、结构、目标！这就是在说我嘛！"

　　图特笑笑："是啊，你就像个戴了假发的男人。"台下的幸雄忍得很辛苦，才没让自己笑出声来。

　　向东不解："可是，这些特质有什么不好呢？在这个现代社会中，有这些特质的人才会成功、有成就啊，不是吗？"

　　台下有些同学点头附和。图特说："表面上看起来是这样没错，亲爱的。但是，不要忘了平衡的重要性。你们中国有一位古老的智者叫老子，他曾说'上善若水'，'水'指的就是女性特质，要是能够善用，那才是真正的天下无敌。而且，"图特停顿了一下，"你的男性特质太过发达，这样就会导致一个常见的结果：你的快乐程度也随之降低。不是吗？"

　　向东想想，自己好像真的一直都很不快乐。什么事情都要分个是非曲直、黑白高下，所有的状况都要在她控制之下，要不然她就会抓狂；什么事情都要有个目标，而且都要完美地达成。这些特性虽然让她在职场上出类拔萃，但在个人生活上却是一败涂地。

想到这里，向东还是不改本色地问："那怎么样才能整合男女特质，而变得成功又快乐呢？"

图特看着向东，觉得自己打心眼里喜欢这个一直勇敢接受挑战的女孩。"首先，要知道你自己是如何一直在压抑女性的特质。以前你没有觉知，现在知道了——要把这些潜意识的动力带到意识层面来。"

图特停了一下，更加柔声地说："要不然，你下意识地一直在攻击自己的女性能量，这使得你的细胞开始攻击自己的女性器官。所以，"图特更小心了，"即使你的乳癌已经痊愈了，但如果你的心态还不改变，你的癌细胞可能会开始攻击其他的女性器官，不可不慎！会得乳癌的女性多半是因为自己不懂得如何滋养自己。乳房是哺育滋养的象征，所以，要多爱自己一点。"

向东红了脸，低头不语。她的乳癌发现的时候是第二期，经过化疗，现在已经控制住了。按照图特的说法，如果一再压抑、否认自己的女性能量，会让她的癌细胞继续转移到其他的女性器官，这是真的吗？

"你宁可信其有吧！"图特看出她的怀疑，又开玩笑地说："你看看你，头发削得那么短，从来不穿裙子，衣服的色彩总是偏素冷的黑灰色，这些全是男性特质的表征。"

［注1］本资料来自香港Deborah Chan 的内在工作坊(Inner Work)。

29

向东的亲密关系怎么解

真心接纳自己的源头

> 想要有好的亲密关系，你必须先宽恕自己的父亲，
> 因为你和父亲的关系模式，会不可避免地在你的亲密关
> 系之中重复。

　　向东开始脸红了，她的确是在担心自己的癌症会复发，但没想到会是因为这样的原因。而自己的装扮虽然一向男性化，但向东并不是同性恋啊，只是觉得自己这样很酷！

　　图特看到向东脸上一阵红一阵白，又出言相劝："所以，你要多多发挥女性特质。我给你的建议是——"图特细心地列出以下几项：

- ❀ 与其锲而不舍、不断努力地付出，以达到你的目标，不如尽到本分之后就静观其变，学习接受结果的自然呈现。

- ❀ 与其什么事情都要立刻获得"是或不是、对或错、要或不要"的答案，不如学习稳坐在矛盾、暧昧、隐晦之中，耐心地等候正确时机出现。

- ❀ 与其一味地逞强好胜，不如学习接受别人的关怀和照顾，甚至

接受"失败也是可以的"。人生真正的失败是一味地追求成功，最终却发现那都不是你真心想要的。

- 与其强求事情都要按照你所希望的方式发生，所以不断去控制周遭的人、事、物，变成了控制狂，不如让事情自然而然地水到渠成，学习包容和宽恕。

- 与其要求别人言行举止都要按照你的心意，不如对人多一份宽容和慈悲。

图特转向大家，开口说道："其实这些是每一个男性特质过于激进的人都会犯的毛病，向东只是个代表而已。"

向东看到图特很快就整理出自己最大的几个毛病，不禁十分佩服，但她还是勇敢地提出自己的疑问："那……那我的亲密关系又是如何被这些潜意识动力影响的呢？"

图特说："好，让我们回到你和父亲的关系。你长大之后，逐渐开始对父亲有很多不满。你痛恨他重男轻女，又埋怨他害死了母亲，这样的心态会让你对男人有什么看法？"

向东猛地抬头，"你是说，我实际上是痛恨男人的？"图特不置可否，"你有没有想过，你的父亲之所以会重男轻女，是为什么？"

向东耸耸肩，"传宗接代的老思想吧？"

图特摇摇头，"还是有很多人不接受这种传统思想啊。真正的原

因是，"图特看看向东，"你的父亲对自己的男性特质很没有自信，他觉得自己不够像一个男人，所以需要生个儿子来弥补这个缺憾！而且，"图特补充，"你所找的男人，一定都具备女性特质，是不是？"

向东想起王宏，那个细心体贴、对自己宠爱有加的男人，有时候向东真觉得王宏很像她妈，无微不至地照顾她。"可是……可是，他们并不忠诚啊！"王宏并不是向东第一个会劈腿的男友，以前所有的亲密关系多多少少都因为第三者而结束。

图特笑笑。"他们都是内心比较脆弱的男人，喜欢找你这样的女强人来弥补自己的缺憾。但是一段时间以后，"图特看看向东，有点忍俊不禁，"哪个男人愿意长期跟另一个男人睡觉呢？除非是同性恋！"

台下的幸雄差一点笑出声来，他咳嗽两声，掩饰自己的尴尬。台上的向东却是有如大梦初醒般地坐着，一言不发。原来自己的内在还有这样的故事在上演，造成了她外在生活的种种情境；原来这些早就在内部沸腾，然后才显化于外的。她的男人最终还是想体会真正女人的温存，所以无可避免地会在外面拈花惹草。

图特看看台下因为忍笑而表情古怪的幸雄，忍不住说："幸雄，你自己也是五十步笑百步，别隔岸观火啊。"

幸雄搔搔脑袋，完全不能理解地问："你在说什么啊，图特老师？"

图特说："男人有时也会压抑他们的女性特质。就像你，一直不愿去面对、碰触自己内在脆弱、柔软的一面，所以特意装出豪迈奔放的大男子气概来，其实内心有时是非常孤独而软弱的。"

幸雄此刻的脸色不太好看。如此赤裸裸地被揭穿，真是让他不舒服，他用笑声来掩饰自己的尴尬，"哈哈哈！我不就是个大男人吗？怎么会有女性特质？"

图特笑笑："你们中国古代不是有一个太极图吗？说的就是阴阳平衡的道理啊。每个人本身就是一个小太极，要阴阳协调才能活出最理想的人生。这个道理不是很简单吗？"

幸雄不搭腔了，生怕又被图特给扯进去，泄露更多内心的秘密。

图特放过幸雄，转身看着向东说："所以，想要有好的亲密关系，你必须先宽恕自己的父亲，因为你和父亲的关系模式，会不可避免地在你的亲密关系之中重复。"他又转向其他男士，"而你们和母亲的关系，也会不可避免地影响到你和亲密伴侣的关系，不可不慎！"

幸雄听了不禁想道："原来我受了母亲的影响，在亲密关系中总是想拯救对方，把对方看成受害者，所以千方百计地想让对方快乐。最终自己乏力了，也陷入受害者牢笼之中，难怪会出问题！而我的内在的确也有母亲的软弱，只是被我一直打压和否认啊！"

图特看到幸雄的心理过程，点点头说："你们很多人都和父母的能量牵缠在一块儿，心理上是个长不大的孩子，父母也不肯放过你们，所以造成很多相处上的问题。我建议你们先在心理上和父母'离婚'！"

"和父母'离婚'？"大家面面相觑，觉得这种说法太奇怪了。

图特面不改色地说："你们很多人的亲密关系有问题，就是因为和父母的关系过于纠缠。成年的孩子，在父母面前还是要讨爱，希望获

得父母的肯定和赞赏，不断地讨好父母，或是对父母觉得歉疚，不断地屈从顺服。而父母当然也有责任，他们不愿意接受孩子已经长大，而且是个成熟的个体了，在下意识里，他们还是希望你们永远是他们的小小宝贝，在他们的掌控之下。"图特看看大家，又继续说，"所以，在心理上放下父母，尊重他们的灵魂和生命的进程，不要再去讨好或是拯救他们，是你们迈向幸福、成熟人生的第一步！"

好"重"的话，大家听后很沉默，各自在思量和父母的牵缠与纠葛。

图特接着又说："我们这几周都在讨论你们幼时的一些经历，以及和父母亲的关系会如何种下潜意识里的各种因子，造成不同的动力，进而影响你们的成年生活。总而言之，"图特准备做个总结，"你们的生命当中，如果和父母有未完成的事，也就是说，心中还是怀有芥蒂——而且很可能是潜意识的——你要试着在生活中观察，并化解你对父母的怨怼。今天回去，"图特建议，"每个人都要跟父母见面或通话，如果父母已经过世了，就在心里这么做。不预设立场、不带偏见地去和父母沟通、说话，看看会有什么事情发生。

"你们回去后有几周的时间可以整合你与父母的关系。当你能够真心地接纳自己生命的源头，并对他们表示感恩的时候，你们就可以进入第三个阶段——随心所欲地玩生命的游戏！"图特愈说愈兴奋，"在这个阶段，你们可以真正发挥天赋，好好活出生命。希望大家都能通过考验，再度加入我们的行列。我和阿凸随时在这里欢迎你们！"

图特说完，大家热烈鼓掌，持续了好长的时间，感谢他辛勤的教导。同学之间也互相勉励，希望在第三阶段能再相见！

第三部

随心所欲
地玩
生命游戏

把我们的人生看成这样的一场游戏，可以让你进入游戏的下半场，开始在人生的逆境中寻回自己隐藏的力量。

Living an Inspired
Life-awakening,
Healing and Creating

30

生命会不会是一场游戏

找出你是谁

一根杆子，一颗小白球，一个大大的人拼命想把小
小的球打进遥远的一个小洞中，有什么好玩啊？

这一堂课开始的时候，教室里的情绪可以用"沸腾"两个字来形容。大家相见都喜形于色，因为能在这里见面，表示大家都已经进入了第三阶段。

幸雄看到向东格外高兴。在这段时间，两人各自做了"解决与父母未完成事项"的功课，颇有斩获，几乎每天都用MSN通消息互相加油打气。

向东的头发明显留长了，穿着刚上市的春装，淡淡的粉色和浅浅的蓝色，搭配得恰到好处。一袭及膝洋装衬托出她美好的身段，让幸雄看得眼睛都直了。

幸雄现在趁每周一餐厅最不忙的时候，开车到新竹探望母亲。和以前最大的不同是，幸雄发现自己现在静得下心来，听母亲数落左邻右舍和亲朋好友（甚至他死去的父亲），而且不会被牵扯在其中，或是觉得厌烦，最后弄得不欢而散。有时母亲也会教训幸雄，说一些关于他婚姻和事业的大道理，要他好好做人，不要搞得一事无成，幸雄对这种情形也能泰然处之。

他只是不断地观察自己当时的想法，然后问自己："这是真的吗？"每当有情绪升起，他就回观自己，并且采取情绪疗愈的步骤。到了最后，母亲自己都觉得无趣，该骂的人都骂完了，该叨念的也都叨念完了——打一拳出去，对方不反击，也不受力，反而没有着力点了，空荡荡的，很无趣。

有一次，母亲又在数落幸雄的不是，抱怨很少看到自己的孙子。幸雄看着母亲，满头白发，满脸皱纹，一时之间，母亲的声音好像来自一个遥远的国度，她说什么都不再重要了。那一刻，幸雄的心打开了，全然临在地和母亲在一起。母亲说着说着居然就住口了，两个人什么话也没有说，就是沉浸在安详的宁静中。

所以后来他回家的时候，母亲的负面情绪愈来愈少，母子俩在一起时就说说最近发生的新鲜事，或是过去好玩的往事，让幸雄愈来愈想回家，母亲也愈来愈期待他每周一次的探望。

向东的进步也很大，她也是每个周末去探望与姐姐同住的父亲。以前都是相对两无言，向东总是冷冷淡淡的，吃了饭就走人。现在的向东和父亲有说有笑，有一次离开时居然还破天荒地在父亲脸颊上啄了一口，父亲受宠若惊，向东则是红着脸低头赶紧走人。

以前不苟言笑的向东，现在就像一座融化了的冰山，开始有人情味了。父亲和姐姐对于她巨大的转变都很惊讶，还问她是不是交了男朋

友，好事近了。

　　图特踏进船舱的时候，向东正在跟幸雄描述她快速偷亲了父亲一口的情形，父亲的反应就像头一次牵女孩子手的小男生一样腼腆。向东说着，幸雄听着，两人笑得好开心。

　　这次图特进来，大家居然都没注意到，他还得假装咳嗽几声，大家才安静下来。

　　"恭喜你们，"图特开口，"进入了第三阶段。而随着你们意识层次的提升，第三阶段的难度也相对比较大。"

　　看着朝气蓬勃的学生，图特的语调充满信心，"不过，你们到目前为止都表现得非常出色，我相信在'随心所欲地玩生命游戏'这个阶段，你们会有更大的收获。"

　　"在这里，"图特的声音格外洪亮，"我要提供另外一个版本给

你们，是跟你们究竟是谁、来到这个世界是为了什么，以及到底有没有所谓的神等相关的议题。"

台下的人都竖直了耳朵。

"所谓另外一个版本，意思就是你们地球上已经有很多阐述这些议题的不同版本了。每一个宗教、每一种灵性派别，都有它各自表述的说法。"

幸雄忍不住打断图特，问道："图特老师，哪一种才是正确的呢？"

图特哈哈一笑："这就是我要跟你们说的，每一种版本都可能是对的，而我的版本也不是最正确的，它的正确与否，完全取决于你个人的看法。还有，"图特顿了一下，"你个人的喜好！"

台下的同学们一脸茫然，图特继续解释："对于宇宙这个议题，其实有无数的版本可供你们选择，这是所谓的'平行宇宙'的观点。我个人选择的版本是：有一种存在，叫作宇宙意识，它在各个不同的星球有不同的显化方式。而你和我，虽然来自不同的星球，但都是它的一部分，换句话说，宇宙意识是我们共同的源头，也就是很多人所谓的'神'。"

图特知道还是有人听不明白，但他径自说了下去："宇宙意识决定玩一个游戏[注1]，叫作'找出你是谁'。为了玩这个游戏，宇宙意识必须做两件事：第一，他需要创造一个二元对立的世界，然后把自己分割成无数的碎片，撒落在这个世界上；第二，虽然这每一片碎片都是他，也都带着他无所不能、无所不在的最高力量，但为了要玩'找出你

是谁'这个游戏，他必须隐藏、收敛自己的力量和能力，才会让这个游戏更加刺激好玩。"

一口气说到这里，图特知道有人已经受不了了，于是停下来等待大家发问。

首尔的正熙抢先问道："为什么要创造二元对立的世界？这是什么意思？"

图特气定神闲地回答："因为宇宙意识所在之处是一片混沌，是一个'至一'的境界，没有黑白对错、是非好坏的对立性。你想想看，在那里怎么玩游戏呢？"

东京的友子接着问："那为什么要玩这个游戏？有什么意义呢？"

图特笑笑说："你们人类的游戏有多少种？除了现在最流行的线上游戏之外，你们的各项体育运动和竞赛不也是一种游戏吗？你是日本人，你打高尔夫吗？"

友子点点头。

"那你为什么打高尔夫呢？"图特问。

友子耸耸肩，"好玩啊！"

"一根杆子，一颗小白球，一个大大的人拼命想把小小的球打进遥远的一个小洞中，有什么好玩啊？"图特故意挑衅地问，然后又笑着说："就是这样啊！就是有人觉得好玩啊！宇宙意识就不能为了好玩而玩游戏吗？否则，在一片混沌之中，它怎么去体验自己呢？"

香港的克里斯说："你用'游戏'两个字来形容我们的人生，让

第三部

随心所欲地玩生命游戏

宇宙就是众神的游戏，地球就是一个游乐场。

我很反感。我们的人生充满如此多的苦难，你居然说它是个游戏，这未免太……"

孟买的阿南达抢着说："我们印度教里是有这种说法，认为宇宙就是众神的游戏，地球也是一个游乐场。"克里斯还是满脸不以为然。

图特说："克里斯，当你小时候，在一般孩子最爱玩的年龄时，你父亲给你灌输了什么观念？"

克里斯回想了一下，说："当时我父亲在家里创业，开个小杂货店，我们每天都要帮他搬运货品或照顾生意。"

"所以啊，"图特说，"你的观念就是：人生是严肃、要做苦工的，可不是拿来玩的。但你能不能看出它只是个想法，而且是让你无法愉快生活的想法？"

克里斯若有所悟地点点头。

图特看着他说："我知道这种根深蒂固的想法很难改变，没有关系，慢慢来，先在你的表意识注册一下，然后再让它慢慢地渗透下去。"

[注1]　这里谈到的生命游戏，以及后面会提到的彩蛋的观念，是来自克里斯多福·孟介绍给我的书Busting Loose From the Money Game（作者是Robert Scheinfeld，2006年由Wiley出版，中文书名叫《你值得过更好的生活》）。这本书谈的观念很有意思，但是非常激进，很多人无法接受。这里用的是我自己"改良"的简单版本。

31

找寻人生的彩蛋

重新收回你失落的力量

你现在的人生观，为你显化出了什么样的人生？如果你所抱持的观念，到目前为止并没有为你带来你想要的人生，也许还带来了你不想要的人生，那么，考虑采纳另外一种人生观，对你有什么损失呢？

图特停了一会儿又说："克里斯，即使你不接受这种观念也没有关系，因为这是你的自由选择。要相信人生是艰难、严肃的，就像有人说的'人生如战场'，也没有问题，因为那是你决定的游戏规则，我们尊重你，但你这个游戏规则会为你显化出你外在的世界。"图特的脸更严肃了，"我想问的是：你现在的人生观，为你显化出了什么样的人生？如果你所抱持的观念，到目前为止并没有为你带来你想要的人生，也许还带来了你不想要的人生，那么，考虑采纳另外一种人生观，对你有什么损失呢？"

克里斯低头沉思不语。向东又提出了关键的一问："那，图特老师，把我们的人生看成一个游戏，又能为我们带来什么好处呢？"

"很好！很好！"图特点头赞赏，"要回答这个问题，先让我们回到正题：为什么要玩这个游戏？"图特突然示意阿凸投影一段片子让大家看。

墙上出现的是一个学校的校庆，学生们正在欢乐地庆祝。接下来就是一连串的竞赛游戏，包括拔河、接力赛跑，然后就是两人三脚的游戏：参赛的一组两人，把各人的一只脚绑在一起，然后比赛看看哪一支队伍走得最快。

看到这里，图特暂停了影片，然后问大家："看到了吗？他们收起自己双脚快跑的能力，把两个人的脚绑在一起，然后看哪一组一拐一拐地走得快。这是在做什么？这是为了什么？"

"好玩啊！看看会发生什么事！"幸雄忍不住说。

"对啦！"图特很高兴，"这就是人类游戏的精髓：宇宙意识化身为人类，隐藏了他无所不能的力量，就是为了要看看：到底会发生什么事——这是他们选择的游戏规则。"

"所以——"图特拉长了语调，"这个游戏分为两个阶段。在上半场，你出生了，成为动物当中唯一在生下来几年之内都没有办法自己求生的一个族类——完全地脆弱、无能。因为这样，你出生的头几年必须完全依赖周遭的世界提供你食物、让你安全——你变得毫无力量。"

荧幕上闪过婴儿出生，大人手忙脚乱地喂奶、换尿布、照顾他们的情形。

"在游戏的上半场中，你周遭的人、事、物都是设计好来帮助你忘记自己是谁的。而且更重要的是，这些人、事、物说服了你：你和真正的你是完全相反的——软弱、受限、无能、孤独、愚笨、悲伤、嫉

妒……"图特继续说着。荧幕上出现孩子跌倒了被人嘲笑，做错事情被
父母、老师责罚，一个人孤零零地走在街头的画面。

"所以从出生之后，一连串发生的事情都在帮助你忘记自己是
谁。这个阶段的游戏设计得非常成功，看看在座的各位就知道了。"大
家面面相觑，不知道该做何反应。

图特又给大家看一些文字：

真正的你→自由自在的灵体：
无限的丰足、无限的创意、无限的力量。

你以为自己是→受时空限制的一个身体：
在有限的世界资源中挣扎求存，幸福快乐操控在别人手里，
或是取决于你能得到多少分量的世俗价值。

曼谷的坤儿举手："你现在说的这些，跟我们以前提到的潜意识
动力有关吗？"

图特点头。

"是的，上半场发生的种种事情，例如小时候的创伤、痛苦的经
历，都会在潜意识里留下一些负面的信念，也就是说，会把你的力量隐
藏起来，让你不知道自己是谁。而这些痛苦和创伤，却又正是在游戏下

上半场发生的种种事情，例如小时候的创伤、痛苦的经历，都会在潜意识里留下一些负面的信念，也就是说，会把你的力量隐藏起来，让你不知道自己是谁。

半场让你找到自己真正是谁的最大助力。也就是说——"

图特加重了语气，"当你们长大成人以后，在生活当中会遭遇到种种困难，这些困难和问题，其实都是来帮助你了解自己有负面信念——也就是不利于你的潜意识动力——并且希望你可以从克服困难的过程中，失而复得你当初埋藏的力量。

"所以，回答向东的问题：把我们的人生看成这样的一场游戏，可以让你进入游戏的下半场，开始在人生的逆境中寻回自己隐藏的力量。就像我们的向东——"

图特举例："当初她因为母亲早逝，而隐藏了自己强大的女性能量，这是一个陷阱。成年以后，她从亲密关系的问题和困难当中，发现了自己的负面信念。而借由面对自己的脆弱、克服内在的障碍，她找回了她的女性特质，重新迎回当初她隐藏的力量。"

向东听到图特的夸赞，不由得脸红起来。

这时，荧幕上出现一个外国农场，在复活节当天，很多小孩被邀请来参加"寻找彩蛋"的活动，孩子们手上都拎着一个篮子，在每个隐蔽的角落寻找彩蛋。很多找了满满一篮彩蛋的孩子格外兴奋，整张小脸红扑扑的，因为彩蛋里面有各式各样的小玩具，每打开一个，就有一份惊喜。

台下的同学心里都纳闷："让我们看这段影片干什么？"

图特笑笑说："好，你们来想象看。你们一出生就已经遗忘了自己是谁，因为你从一个无所不能的宇宙意识，变成了一个手脚都不听使

唤的小baby（婴儿）。但是在你们投胎成人之前，你们都已经秘密地准备好了自己的彩蛋，把你的智慧、能力、才华等美好的特质都塞在里面，并且把这些彩蛋藏匿在你人生旅程的每个角落。"

荧幕上出现了大人在农场里面热热闹闹、到处藏匿彩蛋的画面。

"好，游戏开始了，也就是说，你出生了。"图特说，"上半场游戏中的你，遭遇了各种不同的打击，好进一步帮助你忘记自己是谁。等到你体验够了自己的各种限制、无能、脆弱、匮乏等，而准备好要进入下半时，你就变成了寻找彩蛋的小孩。这些彩蛋会伪装成各种问题，出现在你的生活中。如果你碰到这些彩蛋，愿意面对它们、打开它们，你会发现里面有当初被你隐藏起来的力量和各种天赋，你就可以把它们重新收回。"

曼谷的坤儿举手："图特老师，你的意思是，彩蛋就像我们人生的各种困境，如果我们能够面对它、穿越它，就能够把我们的力量收回来，是这个意思吗？"

大家一片赞叹声，觉得坤儿的智慧真的有所增长了。

图特也很欣慰地说："没错。但是你们人类现在正好反过来，看到彩蛋就躲，完全没想到彩蛋里面有为你准备的最好礼物哪！"

图特又加了一句："下堂课，我就告诉你们如何从彩蛋当中收回自己的力量。"

32

生命游戏开始

你永远不会输

当你勇敢面对人生的"彩蛋",从诸多彩蛋当中收回你原先埋藏的力量和天赋,那么你就变得非常有力量,这个物质世界的限制对你而言,就不是个问题了。

幸雄打开电脑,看到向东也在线上,立刻丢信息问候。

"你好吗?"然后是一朵大大的红玫瑰。

向东轻快地回复:"很好啊,你呢?还在网络上PK(对决)吗?"

幸雄说:"好久没玩了,自从你跟我说瘾头上来的时候,可以试试'情绪疗愈'的方法,我发现十次里面我可以有五次放下要玩的念头,而去观照自己当时无聊或自我价值低落的负面感觉。如果还是玩了,我也就随它去,什么时候想停就停。"

"然后呢?"向东关心地问。

"然后,想玩的次数就愈来愈少啦。你的烟瘾呢?"幸雄打了一个大大的问号。

"早就没啦。当你愿意去面对自己内在的情绪时,就不会用伤害自己的方式掩盖这些感觉了。"向东感慨地说,"真希望我早点学会这

个就好了，不知道现在我的肺有多黑了！"

"没事啦，"幸雄安慰她，"你还年轻嘛！"又送了一个大大的香吻给她。

向东突然问："你觉得图特老师说的生命游戏怎么样？"

"嗯，乍听之下，我是有些反感。不过后来就像他说的，你能有什么损失？我就听下去了，愈听还愈有感觉。因为之前在我人生最低潮、最痛苦的时候，我就觉得人生没有必要过得这么苦，一定还有别的方法来度过我们的人生的——现在终于找到了答案。"

向东说："是啊，以前我很悲情的，觉得自己是个受害者，因为我的幸福都操控在别人手上，自己毫无能力选择。现在让我看到一丝曙光，觉得好像真的可以收回自己的力量，来过一个不一样的人生。"

幸雄沉默了一会儿，突然说："我离婚了。刚去签字，把孩子的监护权给他妈了。"幸雄加上一个号啕大哭的小人的表情符号。

向东心里想，这个人！说到这种事还是这么不正经，不过嘴上还是安慰他："哦，那你一定很难过？我为你感到抱歉。"

幸雄停了一会儿说："还好啦，已经有心理准备了。我相信图特老师的下一堂课一定对我很有帮助。"

"是啊，真的很期待，如何从彩蛋，也就是人生问题当中，赎回我们的力量！"

"下次见喽！"两人互道晚安。

图特的课一路上下来，每堂课的气氛都不一样。今天教室里就充满期待的紧张气氛——不知道图特又要石破天惊地揭露一些什么秘密了。

可是，一上课就先杀出了一个程咬金。

澳大利亚的麦克在图特刚一踏进教室时就问："图特老师，请问一下，如果我们达到你说的游戏的最终目的，知道自己是谁了，那是什么样的状态呢？"

图特看看麦克，决定先不保留了。"我之所以还没有提到这个，是因为那是一个以你们现在的意识层次来说，会很难理解的境界。那个境界有点像中国的孔老夫子说的：'从心所欲而不逾矩'，你们可以随意发挥自己的创意和专长，在这个二元对立的物质世界随意挥洒，想要什么就有什么，有点像最近你们地球上很流行的说法：心想事成。"[注1]

全班听了鸦雀无声，大家都很难想象那是一个什么样的境界。

图特笑笑："你们可以试想看看，当你勇敢面对人生的'彩蛋'，从诸多彩蛋当中收回你原先埋藏的力量和天赋，那么你就变得非常有力量，这个物质世界的限制对你而言，就不是个问题了。只要你想得出来的、你想要的，都会显化出来，因为你已经找到了自己的源头，汲取了它无限强大的力量——那真是一个随心所欲、随便你玩的境界啊！"

向东举手："那么，图特老师，以你的说法，我们大部分地球人在有生之年，都没有能够到达游戏的终点就已经阵亡了，不是吗？有些人甚至连下半场都还没碰到边呢，他们依然抱持着受害者心态，无法看到彩蛋里面的礼物！"

图特笑笑，指指幸雄说道："他很爱玩网络游戏，你可以问问

他，他打到最后一关之前要阵亡多少次？对他而言，只不过是一次game over（游戏结束）而已，难度愈高愈有挑战性，也就愈好玩。对你们来说，又何尝不是这样？"

看到幸雄一直点头，图特又补充说："而且，这是一个你们永远不会输的游戏，因为它的目的就是娱乐，不是悲情、不是受苦。你们有绝对的自主权决定要不要再回来玩，但是，显然大家都乐在其中，因为你看，地球上人口愈来愈多了。"图特又笑了。

不过在场的人显然还没有完全被说服。看着大家脸上的表情，图特也理解地说："我跟你们说过，第三阶段不是人人都可以上的。第二阶段我们有将近三十人，现在只剩下二十个人不到，而你们又是我们在地球上精挑细选出来的。所以，这个观念能为多少地球人所接受，我们并没有过度乐观。"

"呵呵，"图特想想都觉得蛮好玩的，"没有关系。能接受的，就用这个规则去看人生、去体会人生、去创造人生；不能接受的，就还是用你们的老方法过生活。现在你们学会了观察自己的思想，并且会用情绪疗愈的方法对治情绪，这样也可以解决你人生痛苦的百分之五十了。"

"我们可以开始了吧？"图特问。大家异口同声地回答："可以了！"

[注1] 可以参考我的另一本著作《遇见心想事成的自己》。

33

自编自导自演的戏

接受你创造的幻象

你是不受时空限制的灵体，所以眼前的这个情境只是你在物质世界幻化出来的幻象，为的是要帮助你玩这个生命游戏，好让你从中赎回力量。

"好！"图特说，"在你们能够从彩蛋中收回自己原来隐藏的力量之前，你必须有一个颠覆性的概念转变，那就是——"图特拉长了声调，"想象你自己在一部电影里面，导演是你，演员是你，编剧是你，选角的人也是你，这是一出你自编、自导、自演的戏。"

"这是什么意思啊？"幸雄首先发难，"你是说，我的生命是我自编、自导、自演的？我活该事业垮台，我活该离婚失去儿子，我活该玩股票赔光老本？"

"为什么不可能？因为你想经历这样的失败挫折啊，这是你在全知全能的宇宙意识状态下无法体验到的，不是吗？而且在经历这些彩蛋打击的同时，你才能够把当初你在玩这个生命游戏之前藏匿的那些力量，全都赎回来啊！"图特一口气不停地解释。

全班莫不摇头叹息，觉得这个想法真是令人难以接受。

　　香港的克里斯也举手了，"老师，这么说来，那些命运悲惨的人，像非洲饥饿的难民，或是从小就失去双亲的孤儿、中东国家饱受战火蹂躏的可怜贫民，都是他们自己设计的游戏的一部分喽？！这个说法太过分了吧！"克里斯说着说着火都上来了。

　　"如果游戏里都是父慈子孝、风平浪静，那还有什么好玩的呢？"图特一点也不以为忤，心平气和地解释，"美国好莱坞最卖座的电影，哪一部不是情感充沛、剧情离奇、遭遇悲惨、峰回路转的啊？我再一次重申，你不必完全接受这个激进的观点，但是仅仅接受它一半，你人生的质量都会有不同的转变。"

　　看到向东嘴又要动，图特立刻说："我知道你想问什么，到后面你自己就会知道什么叫作接受一半，呵呵。"

　　曼谷的坤儿随后举手说："那以后再看到那些遭遇悲惨的人，我们就可以袖手旁观，然后说：'哦！那是他们自编、自导、自演出来的，没有关系，不要理他们。'可以这样吗？"

　　图特摇头笑道："随便你。你当然可以带着慈悲心去救助他们，因为那是你的选择。每个人都要为自己内在的平安负责，所以，当你看到这些人的悲惨命运，而心中失去平安时，即使知道这是他们的戏码，你还是可以出手帮助他们啊！"

　　大家都无言以对了。图特又继续说："好！有了这样的基础，当你在生活中碰到不如意的事情时，你可以先提醒自己：这是一个彩蛋，是我自己编造的剧情。然后就进行以下的步骤，把力量从它里面赎回来。"

想象你自己在一部电影里面。导演是你，演员是你，编剧是你，选角的人也是你，这是一出你自编自导自演的戏。

荧幕上闪出一长串文字：

首先，当你碰到人生彩蛋时，一定会升起不舒服的感受。所以，这时候要做的事就是：

❶ 与其逃避这个不舒服的感受，不如深深地进入它，全然地感受这份不舒服的能量。这个时候要注意，不要用逻辑思考的头脑来分析或判断，就只是单纯地去感受它（这个步骤是最困难的，需要巨大的勇气和不断地练习）。

❷ 当你觉得它的力道巳经到达最高点的时候，告诉自己它的真相是什么：它是你所创造的，是一个彩蛋，是你自编、自导、自演的剧情。要提醒自己：你是不受时空限制的灵体，所以眼前的这个情境更多时候只是你在物质世界幻化出来的幻象，为的是要帮助你玩这个生命游戏，好让你从中赎回力量。

❸ 对自己说："此刻我就要从这个情境当中赎回我的力量。"试着去感受，在这个不舒服感觉的核心，有一股平安宁静的能量。告诉自己："我感受到这个能量流经我的身体，在我的内在逐渐扩大、扩大……"

❹ 再次提醒自己："我是不受时空限制的灵体，我是最高宇宙的一部分，我拥有最高的力量，这一切都在我的手中。"进行这个步骤时，试着再把刚才让你不舒服的情境带进来，看看你是

否可以处之泰然。如果还是不行，就要重复以上的步骤，让这个不舒服的感受融入你的最高力量之中。

❺ 对你的创造表示感谢。记住，你是一切情境的创造者，所以当你看到自己编造出来的各种人生戏码和剧情时，别忘了给自己一些鼓励："我真是一个伟大的创造者，这种剧情亏我也想得出来！"

"好！大家有什么问题？"图特轻快地问。

可能是惊吓过度，全班居然没人开口。

过了良久，向东还是发言了："图特老师，这……这管用吗？"

图特哈哈一笑："奇怪，你不是觉得'情绪疗愈'的方法很管用吗？这些步骤不过就是更高段的情绪疗愈。在这里你可以看见，力量源头就在你之内，不是在外面，这样会更有威力的。"

图特看大家还是沉默不语，他又补充："记住，你愈是去抗拒你碰到的彩蛋，就愈增加彩蛋幻象的力道，那么它对你而言就愈加真实。在这里，你要是能够心悦诚服地接受它是你创造的幻象，是你自编、自导、自演的创作，那么它的真实性就会减弱，很快就崩溃瓦解了，而你也可以立即从中汲取你当初藏匿在里面的力量。"

图特提醒大家："你们最好把这些步骤抄下来，熟悉一下它的方法和顺序，在日常生活中备用。"他扫视全场一周，语重心长地说："你们很快就用得上了。"

34

向东的恐惧
赎回力量的练习

与其编织谎言，不如对孩子坦诚说明。

向东又是一个人坐在早餐桌旁，看着窗外北京初春的早晨，只是这次她没点烟。图特的一席话让向东颇有感触。她觉得她是无法真的把眼前的这一切——桌子、咖啡杯、花瓶……都看成只是幻象，但是当知道有这个可能性时，她的心似乎得到了一些安慰——至少你知道，这些东西不是永恒的，它们脆弱而短暂。而且这个可能性还可以扩大到"这一切都是一个你自己创造的游戏"，即使半信半疑，好像也为人生带来了不同的视野。向东灵光一现："这是不是就是图特老师说的'相信一半'呢？"向东对于自己的悟性这么高颇为得意。

突然间，门外有些声响，向东靠近大门倾听，好像是两个人在拉扯，说话带着浓厚的乡音，向东听不太懂。这时，他们突然按了门铃，吓了向东一跳！

向东迟疑地打开内门，看见大门外站了一对衣衫褴褛的农民夫妻。看到向东，丈夫面有难色地说："对不起，我……我爱人，想看看孩子。"

向东一听，有如五雷轰顶。甜甜的爸爸妈妈找来了，他们要带她回去了。向东辛辛苦苦养了五年的孩子，再也不会叫她妈了。一时之间天旋地转，向东得扶着门才能站稳。

"你们……我……我们可不可以出去谈谈？"向东口齿不清，开始语无伦次了。她不想让甜甜目睹谈判的这一幕，所以提议带他们出去谈一谈。那对夫妻老老实实地点头答应了，向东急忙回房换了衣服，带着他们到楼下的社区公园里坐着。

初春的清晨还有些凉意。这对夫妻显然刚下火车，一夜没睡，看起来颇为狼狈。

向东说："我带你们去吃个早点吧。"

夫妻俩坚持不要，女的开始流泪，男的就只会说："我爱人想看看孩子。"

向东又开始惊慌，但随即想到，这是一个彩蛋！一大早就送上门的彩蛋，是向东自己编出来的，为的是要帮助她从中迎回她当初隐藏的部分力量。想到这里，向东安心多了。相信一半的确也有帮助啊！这对夫妻所说、所做的，都是向东早就帮他们编好的，他们只是照本宣科地演出而已。

"这样吧，"向东又恢复了平时的镇静，"我先带你们去那边的早餐店吃个早点，你们在那里等我。孩子还没有起床，我要去准备准

备，先跟她说一下，免得吓到孩子。"

　　夫妻俩同意了，跟着向东去早餐店。向东先付了钱，交代他们别乱跑，她半个小时后回来。

　　进了家门，向东大大地喘了一口气。她心里还是有巨大的压力，挺紧张的，于是冲到书桌前，找出自己的救命笔记：

❶深深地进入这个感受。

　　向东仔细体会自己身体上的感受，她发现她的双手在颤抖，心脏剧烈跳动，偏偏胸腔又很紧，让她感觉胸口好像有块大石头压着一样地痛苦。她停在这里，充分地去体会。

❷说出它的真相。

　　向东心里想：是啊，这是个彩蛋，是幻象，是我创造出来的。哪有这么巧？一大早，而且就在上完图特的彩蛋课的第二天？这个阴谋也太明显了！

🟢 赎回你的力量。

向东安静地坐着，继续潜入那个巨大的恐慌之中。虽然头脑已经认清了它的真相，但情绪上还是有强烈的反应。向东鼓励自己不断地进入那个感受中，试图找到它的核心。突然间，她感受到有一股平静的能量，跟这个恐慌的感受是并存的。向东惊讶地看着这个两极的矛盾，然后告诉自己："我此刻就从这里迎回我失落的力量，我要迎接它回来。"

🟢 我是最高的力量。

向东让内在那股宁静的能量不断扩展，一直到全身都可以感受到那股坚强定静的力量，然后提醒自己："我不是这个受时空限制的肉体，我就是最高的力量。"

🟢 对自己的创造表示赞赏和感谢。

向东停在这里。她的确很佩服自己这么有创意，在完全没有任何预兆的状况下，制造出这个让自己心惊胆战的戏码，真是太厉害了！

做完这些步骤以后，向东觉得好多了，好像吃了一颗定心丸，身上感受到的不再是无力、恐慌，而是有股定静、舒适的能量在流动。回头一看，可爱的甜甜就穿着睡衣站在书房门口，正看着妈妈在干什么呢。

"过来，甜甜。"向东叫她。甜甜冲过来依偎在妈妈的怀里撒娇。

　　在心神安定下来之后，向东对于该如何跟甜甜开口，心里已经有谱了。

　　向东不想欺骗甜甜，而且之前上"家族排列"课程的时候，海爷爷有提到领养孩子的问题。海爷爷坚持每个孩子都要认祖归宗，了解全盘的实情，这样孩子的灵魂才会安定下来。表面上孩子也许不知情，其实即使在襁褓中就被领养的孩子，都对外在发生的事情心知肚明。很多被领养的孩子在情绪和行为上会产生偏差，原因就在此。所以，与其编织谎言，不如对孩子坦诚说明。

　　向东看着甜甜说："乖孩子，你知道妈妈很爱你，对吧？"

　　甜甜瞪着大眼睛，不知道妈妈为什么突然变得这么严肃，乖乖地点头。

　　"但是宝贝，你不是从妈妈肚子里生出来的，妈妈是从你的老家把你从你父母身边带出来的。"

　　甜甜困惑地问："为什么？"

　　"因为妈妈很想有个孩子，而生下甜甜的爸爸妈妈虽然很爱很爱甜甜，但是因为他们很穷，养不了甜甜，所以帮甜甜找了一个好妈妈，让甜甜可以过比较好的生活。"

　　甜甜嘟着小嘴："那我不要那个爸爸妈妈了，我只要你，你是我妈妈。"

　　"是啊，"向东落泪了，"我也只要你，我不会让你离开我身边。可是你的爸爸妈妈还是很爱你的，你还是可以看看他们，跟他们说说话啊！好不好？"

甜甜迟疑地点点头。向东帮她换好衣服，然后说："走，妈妈带你去吃早点，顺便看看他们！"

向东想都没想到，一件以前会被她视为"天要塌下来"的大事，就这样轻易解决了。那对夫妻看了甜甜，其实也没多说什么话，就打道回府了。向东知道他们看到甜甜过得这么好，也很安心——毕竟所有的父母都希望自己的孩子能过最好的生活。看到甜甜开心幸福，夫妻俩非常安慰，而甜甜也似懂非懂地上了一堂成人课。"日后，"向东想，"还要带甜甜回老家看看，认祖归宗一下呢。"

35

幸雄的彩蛋

面对威力强大的人生关卡

彩蛋让你不舒服、让你痛苦的强度愈大，就埋藏了愈多力量——就像幸雄玩的线上游戏一样，怪兽愈凶猛、愈难杀死的话，你消灭它之后就会得到更多分数。

海峡另一端的幸雄可就没有这么幸运了。

这一天，幸雄和前妻、儿子坐在餐厅里，这是他们一周一次的定期会面。以往幸雄都会说笑扮小丑，逗儿子开心，但是这一次，他却一反常态，坐在那里，青筋暴露，一言不发，显然愤怒到了极点。晓菲不敢直视他，眼睛盯着地面。

只见幸雄咬牙切齿地说："我反对！我反对你带他去美国读书！"

幸雄八岁的儿子已经很懂事了，看到爸爸这么生气，乖巧地说："爸爸你别担心，我会常常回来看你的。美国很好玩啊，小阿姨在那里，我想跟他们住在一起。"

幸雄铁青着脸，隐忍着不发作，晚餐就在这种一触即发的高度紧张状态中结束。最后，幸雄撂下一句话给晓菲："我们下次单独见面谈这件事！"就离开了。

回到家里，幸雄满腔的怨愤无处可发，心不甘情不愿地拿出上课的笔记，看看是否能够有所帮助。

❶ 全然进入感受中。

这点幸雄可以做到，他已经怒火中烧了。他也知道这团火焰来自于自己的恐惧——失去儿子的恐惧，他们本来就不住在一起，已经够疏离的了，现在儿子又要搬到太平洋的彼岸，那幸雄一年可以看到儿子几次呢？他的胸腔更加紧绷了，怒火熊熊燃烧，好像全身都开始发烫了。

❷ 告诉自己它的真相。

是啊，这是幻象，知道它是个幻象又怎样？眼前这一关就是过不了啊！幸雄也知道它是一颗彩蛋，搞不好还是图特精心策划出来的呢！不，这是幸雄自己的杰作，但是，幸雄痛恨自己的这个创造！

❸ 赎回力量。

图特说，当你抗拒、批判你的创造时，你会赋予它更多真实性，只有在完全接纳、赞赏的状态下，这个幻象才会化解，而你可以重新赎回你的力量。但是，幸雄真的不喜欢自己的这个创造，他对自己当下的情绪完全无法接受，当然也无法从中赎回力量。

彩蛋让你不舒服、让你痛苦的强度愈大，就埋藏了愈多力量——就像幸雄玩的线上游戏一样，怪兽愈凶猛、愈难杀死的话，你消灭它之后就会得到更多分数。

🌀整合不舒服的感受。

幸雄试着用类似情绪疗愈的方法告诉自己：你是不受时空限制的灵体，这是你的创造，你有无限的力量，可以创造出你想要的情境。图特也说了："彩蛋让你不舒服、让你痛苦的强度愈大，就埋藏了愈多力量——就像幸雄玩的线上游戏一样，怪兽愈凶猛、愈难杀死的话，你消灭它之后就会得到更多分数。"

可是，幸雄担心失去儿子的情绪如此强烈，几乎完全淹没他的理智，情绪疗愈此时好像都不太管用了。

然而，幸雄倒是可以赞赏自己的创造。"我本来就是个天才。"幸雄想，"但是，我真的，真的，痛恨自己创造出这样的情境。"主要的原因，是幸雄完全无力招架随着这个创造排山倒海而来的恐惧和愤怒，所以，他根本无法接纳，甚至面对自己的这个创造。

幸雄被彻底打败了。他打开酒柜，拿出所有的酒——把这些痛苦交给酒精来解决吧，他承受不住了。

在小船舱和幸雄碰面时，向东立刻看出幸雄的不对劲：两眼无神，头发杂乱，头低垂着。她关心地问："你怎么了？"幸雄一言不发，精神萎靡，完全变了一个人。

图特这时走进来，看到幸雄的情形，忍不住微微笑道："幸雄，卡住了啊？"

向东着急地问："图特老师，他怎么了？"

图特说："你们两人资质都很好，但幸雄这次接收到的彩蛋，威

力比你的大上数十倍，他有点招架不住了。"

幸雄看到向东这么关心他，心里有些安慰，终于开口说话了："我前妻要把孩子带到美国去念书。"

向东"哦"的一声，心里着实为幸雄感到难过。

忽然间，幸雄抬起头对图特说："我知道这是我创造出来的一个彩蛋，想让我从中收回自己隐藏的力量。我也知道我不是这具血肉之躯，我的真实面貌要高超多了，但是，但是……"幸雄在此打住，不知道该怎么接下去。"我……我无法面对排山倒海而来的负面情绪，怎么办？"

图特柔声地开口，就像在安慰一个跌倒之后正在哭泣的孩子："我了解，我了解，你需要一个对治负面情绪的强而有力的工具。"接着他突然转身对向东说，"向东，下个周末你到台湾去。"

向东听了大吃一惊："去台湾？大陆人要去很难耶。"

图特回答："不用担心，我会安排。你陪幸雄去上一堂课，会让你们受益无穷。"

第二天上班，向东惊讶地发现，公司居然早就安排好要她去台湾参加一个海峡两岸的人力资源研讨会，而且就在图特老师指定的那一周。向东决定多请两天假，去上图特老师介绍的课程，同时看看幸雄出生、成长的地方。

她用短信通知了幸雄，海峡那端的幸雄总算带着些笑意地回复："太好了！我去机场接你！"

36

平安喜悦在哪里

由内在解脱烦恼

> 很多人以为只要他们能掌控生活中的大小事情，就可以高枕无忧了。但事实上，无论你如何控制外在的人、事、物，只要你内在的动荡和战争不消弭，你就无法获得永远的平安和喜悦。关键就是这个"内在"！

　　幸雄的凌志跑车在台北近郊的新店山路上奔驰着。向东好奇地一直向外张望，她觉得台湾的山真是美丽，那么青翠，那么油亮滋润，跟北方枯燥斑黄的山景全然不同。

　　幸雄则是一肚子纳闷，图特怎么会指引他到这个地方求教？求教于谁啊？他上网查了资料，什么中岭山禅院黄庭禅[注1]，奇怪，居然叫他来学禅？幸雄需要的不是枯禅，而是情绪的管理和对治啊！

　　带着满腔的疑惑，幸雄将车子滑进中岭山禅院的停车场。

　　向东一下车，就被周围环绕着的满山翠绿给吸引了，这里真美啊！

　　幸雄随后下车，看到云雾缭绕、居高临下的美丽风光，也张大了嘴。没想到距离台北市区一个小时车程的山里，居然有这么美丽的风景。

　　禅院的义工看见他们到了，热忱地表示欢迎。安排好住宿，穿上灰扑扑的禅服，幸雄坐在禅堂当中，觉得自己俨然是个有道行的修道人了。

刚开始，助教们解释了这两天闭关禅修的大致作息。幸雄一听五点就要起床，差点站起来走人，但随即一想，也不过就是一两个早上嘛，忍耐一下就过去了。

在众人的期待下，中岭山禅院的创办人张讲师终于出现了。向东打量这位年纪不大的禅师，他看起来最多四十来岁，清癯的面孔，炯炯有神的双眼，说话的时候嘴角和眼梢都在微笑。

连幸雄也感受到从张讲师的内在流露出来的喜悦和自在，这是他衷心向往的。幸雄不由得坐直了身体，静心听他说话，像个等待老师发落的小学生。

张讲师开口了。他首先问候大家，并解释自己不姓黄，而是姓张，"黄庭禅"是他所创的。接着，他直截了当地说："很多人来到这里，都是想追求内心的平安和喜悦。其实，这是我们人类最大的一个困惑，我们也称它为'迷思'。"

他看到正襟危坐的幸雄，就问他："你的平安喜悦发生在哪里？内在还是外在？"

幸雄老老实实地回答："内在！"

"好！"讲师又问，"那么，当你失去了你的平安和喜悦，是在外面失去的，还是在内在失去的？"

幸雄还是像小学生一样乖乖地回答："内在！"

"很好。"讲师点头。"那么，如果你想找回你失去的平安和喜悦，是要从外面找，还是在内在找？"

幸雄已经变成一只鹦鹉了："内在！"

"没错，但是你们看看，"讲师无奈地说，"世界上的人每当内心有痛苦和负面情绪时，他们是往内心去寻找安宁呢，还是试图去摆平外在引起他们情绪波动的人、事、物？"

幸雄想到那天晚上，他真是气得差点动手打他的前妻晓菲，显然他认为如果把这个障碍消除了，他就可以获得平静。

讲师继续说："很多人以为只要他们能掌控生活中的大小事情，

让我们烦恼不堪的罪魁祸首，不是外在的境遇或脑袋中的想法，也不是身体的感受，而是来自我们的内心！

就可以高枕无忧了。但事实上，无论你如何控制外在的人、事、物，只要你内在的动荡和战争不消弭，你就无法获得永远的平安和喜悦。关键就是这个'内在'！"

"所以，"讲师朗声地说，"让我们烦恼不堪的罪魁祸首，不是外在的境遇或脑袋中的想法，也不是身体的感受，而是来自我们的内心！"

向东已经忍不住了，她举手发问："讲师，你说的我也同意，但我们的烦恼有时的确是因外境而起的。比如说，前一分钟我坐在这里好好的，然后我突然想到下周我有一个重要的会议必须做准备，我会立刻感到焦虑。又比方说，如果此刻我的肚子突然痛起来，那么，从我来到这个山上之后所感受到的平静与喜悦，立刻就会化为乌有，不是吗？"

向东清晰的逻辑和爽朗流畅的京片子，引起不少同学的瞩目，也有很多人点头附议。幸雄坐在一旁，觉得挺骄傲的。

讲师带着嘉许的眼光看着向东："你说的没错。但是你有没有想过，你的这些反应都是在无意识之中日积月累养成的积习？而且对你而言，它们并不是最好的、有意识的选择？比方说，你的焦虑能让你现在就去准备会议所需的资料，或是让你准备得更好吗？你为肚子痛烦恼，会让它比较不痛吗？"

向东若有所思地摇摇头。

讲师转向大家："当那些外在的境遇都被你们摆平之后，就再也不会有烦恼了吗？看看那些要什么有什么的人，他们真的不再烦恼了吗？"

有人在台下小声地回答："比尔·盖茨也有一堆烦恼。"

讲师点头："好！如果今天我们课程的主题是在探讨'引起烦恼的原因'，那么'外境'当然是必须探讨的主角之一。但是别忘了，今天我们探讨的主题是要去除'烦恼'，而不是聚焦在去除那些引发烦恼的原因上，因为引发烦恼的原因永远也解决不完！"

幸雄搔搔头问："可是……如果不去除引发烦恼的因素，那我的烦恼不是会一再地发生吗？"

"从外面去除让你烦恼的诱因，"讲师解释道，"即使有所收获也是短暂的。但是如果可以做到内在就没有烦恼，那就可以一劳永逸了。举例来说，一个体弱多病的人，就算再怎么努力防范任何可能引发病痛的外因，效果还是不如增强自己的免疫力；当内在有了抗体之后，外面再多的病菌都不会对你造成任何妨碍。因此我要教导的方法是，让你的内在不再被烦恼捆绑，而当这个从内在解脱的能力成熟了，不论外境如何来袭，你的内在丝毫不会被捆绑住。因此，'由内在解决'才是釜底抽薪的终极办法。"

此时，禅堂里的四十位同学脸上都露出了无限向往的神情，讲师看了就说："在这两天的闭关禅中，我会让你们体会到这种境界，哪怕只是短短的三秒钟，各位也就值回票价了！"

[注1] 克里斯多福·孟是我2008年得到的最佳礼物。而2009年初，老天又给了我一个大礼物——黄庭禅。

37

拿枪的禅师
观黄庭的气机起伏

用平等心来感受你黄庭的起伏震荡，不要附加任何
想法或价值判断上去，也就是说，不要有分别、取舍。
你不必喜欢它，也不必讨厌它，它只是我们身体上自然
的气机震荡，怎么来，怎么去。

　　接下来的课程中，助教播放了一些介绍黄庭禅基本观念的教学影
片，幸雄这才知道，黄庭真的不是人名，而是古人说的一个身体部位，
就是胸口的正中央。在放映片子的过程中，幸雄很惊讶自己没有预期中
的昏昏欲睡，反而兴致盎然，因为所谓的黄庭禅，居然就是情绪管理的
究竟方法，正好契合幸雄的需求。

　　基本上，黄庭禅的观点是：无论我们当下升起的是哪一种情绪，
无论你当时觉得哪里不舒服（头痛、背紧绷、脖子僵硬、腿酸痛），所
有的情绪都会在你的黄庭中造成气血的波动。情绪本身是无碍的，造成
我们痛苦的其实是我们对它的抗拒——再缩小范围来说，是我们对黄庭
中气血动荡感到不安才造成痛苦、烦恼的。

　　讲师在影片中引经据典地证明中国的古书中，有多处记载了"黄
庭"，而它的位置就在我们胸口正中央、两乳中间大约一寸见方的那一

小块区域，深入皮下几寸。

让幸雄觉得有趣的是下面这一段话：

> 人们总以为情绪是由脑中的想法所引发的，然而这只是一部分的原因而已。想法必须有黄庭中一丁点的气血起伏互相配合、推波助澜，才能成为烦恼。如果少了胸中这一丁点感受，脑袋再怎么想，也不会成为烦恼的。例如你的脑袋告诉自己不要生气、不要生气，但是如果胸中的气血一直起伏不定的话，这脑袋中的想法是没有用的，你还是照常生气，一直要等到气血平复之后，才能平静下来。

> 反之，若是你的胸中很平静，你却一直告诉自己要生气、要生气，如果胸中气血不配合，再怎么装也无法让你真正生气的。由此可知，在情绪的领域来说，脑袋中的思想，或是你所听见、看见的，都只是配角而已，情绪真正的主角是胸中潮起潮落的气血，不是别的。

"这是真的吗？"幸雄心想，如果烦恼的关键就只在于我们胸口的这一点气血的起伏，那么对幸雄来说，真是天大的好消息啊。只是，只是，这胸口的起伏要怎样去感应啊？如果感受到了，是不是用情绪疗愈的方法来消除它呢？

幸雄满腔疑问，恨不得立刻找个人来问问。他偷看一眼坐在女生

区的向东，瘦弱的向东此刻包在大大的禅服里，显得格外娇小。

　　向东则是兴奋之情溢于言表。毕竟受过唯物主义的熏陶，向东觉得这种把看不清摸不着的情绪，解释为肉体感受得到的气血震荡的说法，实在太有帮助了。如果这是真的，那么从情绪烦恼的枷锁当中解脱出来，也是指日可待了。

　　好不容易又盼到讲师出现了。讲师一上台就说："很多人来到这里，都说他们感受不到黄庭。所以在这短短的两天里面，我们除了提供一些基本知识外，最主要的就是帮助大家感受黄庭。

　　"黄庭，就是很多人说的心轮，古人所谓的'方寸大乱'，那个'方寸'指的就是黄庭。"他看看大家，然后继续说，"你们现在可以试试看，呼出一口气之后，尽量先别吸气，到了非吸气不可的时候再吸，看看有什么感觉。"

　　幸雄试了。当胸口已经憋不住的时候，他猛然吸气，居然呛了一下，咳了半天。

　　张讲师看到幸雄的窘样，谅解地笑笑："没关系，慢慢来。刚才那个叫你吸气的就是黄庭！"

　　语毕，他居然从桌上的一块布下方拿出一把大冲锋枪。幸雄心想："这真是奇怪了！这个禅师上课拿的不是禅棒，居然是这么大的一把枪！"

　　张讲师挺着枪，告诉大家："这是一把空气枪，被打到的时候会有强烈的气感，但是不痛。它的声音很大，"说着他就"砰砰"地连开

在情绪的领域来说，脑袋中的思想，或是你所听见、看见的，都只是配角而已，情绪真正的主角是胸中潮起潮落的气血，不是别的。

两枪，吓了向东一跳，"会让你的黄庭很不舒服。我现在就来训练你们观黄庭。请大家围个圆圈站好，背对着我。"

学员们就像等着上刑场的人一样，乖乖地围成一圈，讲师拿着枪在中间绕着圈子走。"我走路的时候会发出脚步声，走到你附近时，我可能会给你一枪，也或许是给你旁边的人一枪。没有关系，就把注意力放在你胸口的正中央，看看它有什么起伏。"

幸雄心口怦怦直跳，刚才要他吸气的地方也是这里，难道这就是黄庭？才这么想的时候，讲师就在一旁说了："如果你觉得黄庭跳得很快，那其实不是黄庭在跳，是你的心脏啦！黄庭的感觉比较细微、含

蓄——紧紧的、麻麻的、热热的、痒痒的。"

　　话音一落,讲师一枪打在幸雄身上,幸雄感觉自己的胸口一紧,然后能量向四周散开,随之而来的,是高度紧张之后的松弛,因为讲师已经走远啦。

　　向东则是感觉那种紧张、恐惧是在自己的四肢,手脚冰凉而且发麻。当讲师的脚步声靠近时,真的有那种又惊恐又期待的痛苦,胸口正中央也是紧绷到不行,让她很不舒服,甚至想逃离现场。

　　这时讲师的声音又响起了:"用平等心来感受你黄庭的起伏震荡,不要附加任何想法或价值判断上去,也就是说,不要有分别、取舍。你不必喜欢它,也不必讨厌它,它只是我们身体上自然的气机震荡,怎么来,怎么去。就像天上的白云一样,让它自在,你就会自在。"

　　于是向东开始观照自己黄庭内的动静。她发现,一旦能够以不批判的心态看着胸口的激荡起伏,那么虽然她的黄庭随着老师来来去去的脚步而起起伏伏,却跟她——这个观察者——毫无关系。她可以用一种超然的立场来看待这些气血的波动,感觉好极了!原来,自己的恐惧和愤怒等负面情绪,都可以这样拉开距离来看待!

38

相同的感受，不同的标签

内在不安的起源

当你的心为你的身体觉受贴上不好的标签时，你就
会受到外在情境的控制而不能自已。

"刚才你们很多人都已经体会到了黄庭的动荡，现在我要进一步
地告诉你们，怎样去接纳黄庭的动荡，并与之和平共处。"讲师继续苦
口婆心地教导。

"很多心灵成长或心理励志的课程都鼓励大家，在感受到内在的
不安之后，用各种方式去平抚你们的负面情绪。你们的经验如何呢？"
讲师问。

"是啊，"幸雄立刻回答，"我以前学过一种自我安抚的方法，就是
教我们用呼吸去安抚自己的负面情绪，然后呼求光和爱来整合它。"

"效果如何呢？"讲师问。

"相当不错，只要不是太强烈的情绪，应该都能被抚平。"幸雄
就事论事地回答。

向东也不甘示弱，在旁边说："还有一种方法，可以让你从这种

负面情绪当中找到你的最高力量，并且赎回它。"

"非常好，这些都是很有效的方法，而且，这表示你们已经有一定的基础了。"讲师很欣慰。然后他说："你们都听过禅宗五祖的弟子神秀和六祖慧能的故事吧？"

台下有的人摇头，有的人点头。

"好！我简单地说一下。"讲师清了清喉咙，"五祖要把他的衣钵传给后人时，请大家作偈，也就是作诗，来看看每个人对我们心性的真相，究竟了解多少。"

他向大家提出挑战，"他的大弟子神秀作了一首偈，谁会背？"

一位梳着两根辫子的女孩举手答道："身如菩提树，心似明镜台，时时勤拂拭，莫使惹尘埃。"

"很好。"讲师点头，"那么六祖慧能写的是什么呢？"

一位坐在第一排的光头男生举手："菩提本无树，明镜亦非台，本来无一物，何处惹尘埃？"

"啊，"讲师故意夸张地说，"你们现在该知道为什么五祖把衣钵传给慧能了吧？神秀和慧能两个人的境界真的差太远了。"

幸雄反思了一下："讲师是否在暗示，以前我们学的那些招数，都是在'时时勤拂拭'的层次呢？"

"好，我现在就来证明给你们看，为什么是'本来无一物'。"讲师愈说愈兴奋，"我希望你们都能够了解到一个事实：黄庭那个一寸见方的小小区域里面的气血动荡，其实本无意义，它不过是一些气的流动，也就是能量的流动罢了！它的意义——好、坏、喜欢、不喜欢——都是我们的头脑加上去的。

"比方说，"讲师更指出，"如果你去研究这心头方寸之间气血的微微起伏变化，你会发现它的物理性：热、冷、胀、缩、紧、痒、酸、麻等。学过量子物理的人也可以拿所学来印证，这些能量的变化不过是粒子（组成物质的最小元素）来来去去的波动造成的，本身不具有任何意义。这也就是'本来无一物'的真义啊！

"而我们烦恼的起源，就在于对自己胸口中央方寸之间的那个气血起伏，有了贪嗔分别的心。这是什么意思呢？"说到这里，讲师问大家，"最近有没有人经历了很强烈的怒气？"

幸雄很得意地举手。讲师看着他说："好，你来描述一下，你生气的时候有什么感受？"

幸雄傻眼了。他生气的时候就是生气，恨不得揍人，哪有时间去"感受"什么东西啊？

讲师看他欲言又止，就帮了他一把："你回想一下，当时有没有感受到胸口有一股很热、很闷，而且速度很快的气血往上涌呢？"

"是的，"幸雄想起那个晚上，"而且呼吸急促、心跳加快。"

"好，"讲师再问，"那当你跑完几公里后，是不是同样感觉呼吸急促、热血沸腾呢？"

"是的。"幸雄回答，但答得有点心虚，因为大学毕业以后，他就没再跑过步了。

"那么，如果你要上战场，为了护卫国家而战，你的身体是否也会有相同的感受？"

"是的！热血沸腾，但求英勇捐躯！"幸雄当兵的时候有过这样的豪情。

"以上三种感受体现出来的物理性其实都一样，但是，你对它们的诠释不一样，也就为它们贴上了不同的标签，是吗？"讲师又问。

"是的。"幸雄想想，一五一十地回答，"跑完步以后心情很爽，英勇而战会觉得很骄傲，而生气的时候则想揍人。"

"嗯，当你的心为你的身体觉受贴上不好的标签时，你就会受到外在情境的控制而不能自已。"幸雄拼命点头，表示这就是他面临的状况。

讲师继续说："但是如果这个时候，你能把注意力转向内在，把你感受到的能量或气的温度、速度、压力的级数，和慢跑时的感受比对一下，只比较物理性质，而完全不理会外在引发你情绪的境遇，那么每个人都可以在微微变化的气血中得到悠游自在的。"

幸雄好像看到了一丝曙光——那么是不是从今以后，每当让他烦恼的思绪再度兴起，他只要回观黄庭，并允许任何气血波动的存在，就可以活在宁静之中了呢？他把这个问题提了出来。

张讲师微微一笑："理论上是如此。但是，当外境升起的时候——就像刚才向东举的那些例子——你很难不去攀附它们，并且认为它们才是造成你不愉快的主要原因。"

"那我们该怎么办？要如何增进我们实行黄庭禅的能力呢？"那个好学不倦的向东又发问了。

39

让心头能量自由流动

黄庭禅的实践步骤

> 静坐的时候，你把所有注意力都放在观心上面，这时你会经历各种感受和妄念，这就是练习黄庭禅的最佳时机

"好！"大家的好学让讲师很欣慰，"我会慢慢跟你们分享的，这就是我在这里开山破土、创办中岭山禅院的原因。"

"如果把黄庭禅想成古代的一种神功，"讲师比喻道，"那么它的招数就是以下几个步骤。"他放了一张投影片给大家看。

黄庭禅的实践步骤：

❶ 认识心情（当下有什么情绪？）

❷ 感觉心情的位置（能否在黄庭感受到？）

❸ 看清心情的组合（能量、气的形态究竟为何？）

❹ 看清心头能量的真相本无意义（它只有物理意义和级数）

❺ 学习让心头的能量自由自在地流动（观自在）

　　"现在大部分同学都已经到第三步骤了吧？你们应该感受得到黄庭究竟是痒还是麻，是紧还是松，是热还是没感觉。记住，没感觉也是一种感觉，那就叫'麻木'，呵呵。"讲师笑道。

　　"再跟你们说一下第四步骤谈到的级数是指什么。"讲师伸出拳头来，"我现在用全力握紧拳头，这是十级；又比方说，你的手可以放在火炉上而不被烫伤的那个温度，也是十度。那么你就可以以此为标准，去检验你黄庭紧绷及炽热的程度。你要看清它只有物理意义，而没有好坏对错。

　　"另外，大家再看看这张投影片。"

黄庭禅实行的阻碍：

❶感受不到心情（可以先从强烈的情绪开始去感受。）

❷找不到位置（可以用手摸摸看，不过别去摸别人的！）

❸看不清组合（可以试着将各种能量的形态对号入座——是痒、麻、松、紧，还是热？）

❹无法维持能量的清真（无法放下批判的分别心，无法用平等心观照。）

❺在日常生活中使不出来

幸雄看了心想："啊！我就是会卡在第四个步骤上面吧？嗯……

这个时候，把发生的事情看成幻象，或者承认是自己创造出来的，倒是有些帮助呢！"

讲师说："这些都是初学者会遇到的阻碍，不过没关系，只要多加练习，你们自然会每日进步，总有一天神功练成，你们就真的刀枪不入啦！"

有些同学会心一笑，向东也是信心满满。这个太对她的胃口啦，虽然呼求爱和光的确也能为她当时的负面情绪带来安慰，但毕竟还是在"时时勤拂拭"的层次，这个黄庭禅却能提供真正究竟根本的解脱之道。

而且向东也认为，如果卡在第四个步骤的话，把外在让我们失去平等心的境遇看成是自己的创造或幻象，还是挺有用的——这点倒是跟幸雄心有灵犀。因为，当你理解，这个外在的境遇可能是你创造的幻象时，就比较容易放下心头那个因外境而起的情绪牵挂，进而了解这个情绪的牵挂只不过是一丁点气血的起伏罢了！

"好了！"讲师宣布，"我们现在要进入基础功的阶段啦！"看到台下学员不解的眼光，讲师笑道："所谓的基础功，就是刚才那位同学提的问题——如何加强你们实践黄庭禅的能力。我们用的方法就是：静坐。[注1]"

幸雄一听到静坐，头就大了。他本身就像个过动儿，几分钟都坐不住，要他呆若木鸡地坐在原地，真是比登天还难。耳边，讲师的话还在继续："静坐的时候，你把所有注意力都放在观心上面，这时你会经历各种感受和妄念，这就是练习黄庭禅的最佳时机。"

　　看到幸雄面有难色，讲师体贴地说："没关系，我会慢慢引导你，如果坐得不舒服可以换姿势。"然后他又转向全班同学，"各位要知道，为什么静坐会增加你实践黄庭禅的能力，因为在静坐的过程中，当你感受到妄念纷飞，或是腿酸脚麻的时候，你可以观察在黄庭一窍中有什么样的气机起伏、气血动荡，然后练习你的平等心——就只是纯然地观察它们，不加任何标签或想法。"

　　这时禅堂中响起优美空灵的音乐，讲师敦厚沉稳的声音也随之而出："现在我们要开始黄庭禅坐了。你可以用任何姿势盘腿坐着，也可以直接坐在椅子上，但不要靠着椅背。"

　　幸雄只好乖乖坐着，感受自己心里的那份无奈。

　　时间一分一秒地过去，他的右腿愈来愈麻，几乎到了无法忍受的地步。他想起讲师的话："尽量不要动。记住，没有人因为静坐一两个小时而受伤的。如果痛，就看着那个痛，看那个最痛的点有多深、多热、多紧、多酸，只看它的真相，不要把自己的好恶附加上去。"

　　幸雄已经开始有点龇牙咧嘴了，他此刻还真能感受到黄庭的动荡不安。接着他又听到讲师说："观察身体各部位的感受自不自在，而不是你自不自在。"

　　"这可奇怪了，"幸雄心想，"我这么不自在，你还能自在吗？嗯，如果换过来，我让你自在，我是否就能自在呢？"

　　幸雄决定让他的腿麻个自在，看看究竟会发生什么事。当他做出这样的决定之后，他发现腿的麻是真的可以独立存在，而不必影响黄庭的。更奇怪的是，当他允许它麻个够时，那份麻的感受居然消失了，但幸雄并没有因此感到畅快，因为他发现这下子换他的背开始剧烈疼痛——背上有个点痛得真厉害。不过，当他允许黄庭内因这个背痛而引起的气血波动自由存在不去抗拒或忍耐的时候，背痛好像也不成问题了。

禅坐结束时，幸雄已经在腿麻、背痛和膝盖酸之间来回"奔波"了好多次，一点也没感觉这次的禅坐竟然持续了五十分钟。想起刚才经历的酸甜苦辣，幸雄想，这真的很像我们的人生呢！

［注1］黄庭禅坐音乐导引MP3免费下载：
http://www.innerspace.com.cn/f/xzzq_1

40

幸雄在钢索上感受恐惧和平静

学会与负面情绪相处

> 回观你的黄庭，看清你的恐惧只不过是胸口气血的
> 波动而已。跟它和平共处，不要抗拒，不要打压，不要
> 转移，不要深呼吸，就是跟它好好在一起。

第二天，中岭山一个美丽的清晨，向东站在禅堂前面的大草坪上，看到从隔壁山谷里的翡翠水库飘来了大量云雾，就像瀑布一样席卷而来，美不胜收。向东觉得自己真的好幸福、好快乐。虽然她知道人生的道路没有平稳无忧的，但是她真的已经求到了好多件法宝，让她能够一路平安无虞地回家。

接下来的课程中，讲师居然带他们到室外的教学台，要他们走双索。

所谓的双索，就是两根粗的钢索上下平行地吊着，走在上面的人，脚踏着下面的钢索，双手抓住上面的钢索，然后走八十米的距离，而双索最高的地方有四层楼高。

幸雄一看腿就软了。他可不想在向东面前丢脸，但他真的从小就有惧高症，这……这该如何是好？讲师一再保证这个游戏很安全，因为每个人身上都有挂索，如果失足了，大不了就是挂在钢索上。但幸雄怕

的不是那个——他就是对高度有恐惧感，就是说，对高度引起的恐惧感无力招架。

大家轮流上去，一个接一个。讲师拿着扩音器在下面提示大家："回观你的黄庭，看清你的恐惧只不过是胸口气血的波动而已。跟它和平共处，不要抗拒，不要打压，不要转移，不要深呼吸，就是跟它好好在一起。"

终于轮到幸雄了。他的脸色惨白，双手双脚开始不由自主地颤抖，连助教都问他："你还好吗？你确定要上去吗？不用勉强哦。"幸雄正在考虑时，斜眼瞥到向东已经完成第一回合，正高高兴兴地走过来要准备尝试第二次，幸雄想也不想就上去了。

一开始，幸雄就瘫在出发点，动弹不得。讲师在远处也看到了，开始心战喊话："不要停留在原地，往前走，看清恐惧的真相，研究它的物理性，了解它不过就是气血的震荡。你可以的，幸雄，你可以跟它和平共处的。"

在讲师一路的加油打气引导下，幸雄咬牙走完全程。下来时，他全身发软，手脚无力，全身的衣服都湿了。从下面抬头往上看，幸雄真的不敢相信自己确实在那样的高度上走完了全程。在恐惧的淫威之下，他踏出的每一步都极其缓慢，但至少，他做到了！

讲师鼓励他："继续，继续第二次。这次，你试着更加认清楚它的真面目，对它说：'来吧！尽管来吧！'"

幸雄决定再试一次。这一次比上次好多了，他真的可以看着自己

的恐惧，跟它和平共处了。不是靠深呼吸或自我激励，也不是呼求光来救他，幸雄就是不带偏见地跟恐惧共处，允许它存在，还勇敢地跟它说："来吧，尽管来吧。"

走到中间某一段的时候，幸雄突然停下来，好久不动，后面一堆人都被他挡住了。讲师耐心地等待，最后还是忍不住问他："幸雄，你怎么了？"

幸雄突然大喊："怎么会这样？我同时感到恐惧和平静，它们同时存在。好奇怪哦！"

最后一段路，幸雄觉得他的恐惧好像已经变成了他的好朋友，随时陪伴着他，但是由于幸雄不再抗拒，恐惧再也无法阻碍他的行为——恐惧还是存在，只是幸雄已经不怕它，可以和它相安无事地共处了。

走完两次双索，幸雄心里有说不出的成就感。他真的做到了，不是借由克服恐惧，而是学会了与它共处！

两天的课程结束了，和讲师及志工人员道别后，幸雄和向东依依不舍地下山。在这块这么美好的人间净土中，学到这么宝贵的东西，他们决定了：下次一定还要再来！

送走向东之后，幸雄回到家第一件事，就是打电话给晓菲。

晓菲一听是他，迟疑了一会儿。

幸雄开口了："晓菲，我对你的决定很不满意。"幸雄一边说，一边密切地回观自己的黄庭，"我是很不希望孩子这么小就到国外去，不过你是他的监护人，你有权决定，我无法干涉。"幸雄自己都惊讶他

能如此镇定地把话说完。虽然黄庭偶有晃动，但是他放开了胸怀，允许任何感受存在。

电话那头停了很久都没有声音，幸雄以为晓菲挂电话了，"喂、喂！你还在吗？"

"咳！我还在。嗯，幸雄，我正要告诉你，我想了想，孩子的确是还小，也许等他上初中或高中的时候，我们再商量这件事吧。"

挂了电话，幸雄不可抑制地一直又跳又笑，然后习惯性地回观黄庭，发现黄庭中的气血动荡不已，同时有一种痒痒的酥麻感受。呵呵，这个黄庭！幸雄摇头。

41

实验已然成功了

发现真正的自己

> 记住，每当生活出现问题，或是有负面情绪升起时，都是一个大好机会，可以帮助你进一步发掘你的旧伤，进而让你看到你真正的面目。

向东和幸雄又在小船舱见面了。两人都知道，这趟外太空之旅应该已经接近尾声了。

向东告诉幸雄那天清晨在中岭山看见云瀑的感觉，幸雄了解地点点头说："我们真的都是受到祝福的！"两人相视而笑，但又觉得离情依依，相对无言。图特正好走进来，还故意咳了一声，提醒那两个忘我的人注意到他的存在。

"怎么样，向东，你的台湾之旅如何？"图特问道。

"很好啊！"向东瞅了幸雄一眼，"台湾小吃很好吃，那个什么蚵仔煎……"

"我是问你黄庭禅学得怎么样啦！"图特故意逗她。

"啊！黄庭禅，"向东回过神来，"很好！很好！真的太棒了，跟你教我们的东西可以完美地结合！我发现，在头脑的层面，我是可以试着把外境看成幻象，这并不难。但是，我们常常会痛恨自己的创造——应该说，我们是痛恨因自己的创造而引发的情绪！"向东又看了幸雄一眼，后者忙不迭地点头附议。"所以，当我们无法跟自己的情绪共处时，就是该使出黄庭禅功夫的时候了——把因外境而起的负面情绪与自己分离，看清它只是心头气血的一点动荡，因而可以不带分别心地去与它共处。"

"这样一来，"幸雄接口，"你就很容易从困境当中赎回你的力量，并且发现你真正是谁！"

图特看他们两个一搭一唱，还真是登对，欣慰地点点头说："非常好！"然后他示意阿凸投射一份文件到墙上给他们两人看。

"还记得吗？"图特问，"个人责任的承担表。你们现在是在哪一个层次啊？"

❶这个问题是×× 造成的，我只是个无辜的受害者。

❷都是因为×× ，事情才会变成这样，但我必须为这个问题善后。

❸这个问题的产生我也有责任，但我就是这样，我也没办法。

❹生命中这种事情很常见，我就是需要忍耐，睁一只眼闭一只眼地混过去。

❺这个问题真让人难受，老天啊，帮助我面对它吧。

❻这个问题不是谁的错，而我的内在有力量，能够用有助于自己成长的方式来面对它。

❼是我的潜意识吸引来（或选择来）的问题，我其实可以为自己
　选择更好的东西。

❽我创造了这个问题，我可以赋予它任何意义。现在，我选择将
　它转化，并从中获取我的力量。

幸雄看看这个熟悉的表格，一看到第一个层次，就不禁笑了：
"我还真的是从这里开始的。"然后他拍拍胸脯，"我怎么感觉我现在
已经到了第八个层次啊？"

向东看他一眼，笑着说："我也这么觉得。"又连忙更正，"我
是说，我也在第八个层次了。"

"哈哈！"图特开心地笑了，"你们两人都是好徒弟，有了黄庭禅的帮助，更是如虎添翼。你们现在就好像武侠小说里的高手，不但学了各种招数，内力也愈来愈深厚，真的可以随心所欲地玩生命的游戏啦！"

但是向东还有问题："图特老师，我们在第一和第二阶段学了一些技巧，好像进入第三阶段以后就不需要了，是吗？"

图特摇摇头："不是的，你们在每个阶段学习的，都是很宝贵的疗愈方法，对提升意识非常有帮助。"图特帮他们复习一下，"第一阶段练习回观自我，看看自己的想法是什么，并且做投射的作业，收回对他人的投射。这些都是非常重要的基础功夫。"

向东和幸雄点头同意，他们要不是做了投射的功课，到现在可能还是仇家呢！

"第二阶段是要疗愈旧时创伤，一念之转、家族排列，还有平衡你的男女特质，也都不是一次就可以完成的工作，必须在生活中不断地去体会、练习。"图特提醒他们，"记住，每当生活出现问题，或是有负面情绪升起时，都是一个大好机会，可以帮助你进一步发掘你的旧伤，进而让你看到你真正的面目。"

图特想了想，又说："至于何时该用这些不同的方法，则取决于你们本身的意识层次在哪个阶段。虽然你们已经进入了第三阶段，可是也许有一天心情特别不好，第三阶段的东西根本使不出来，那么你们可以回到第二，甚至是第一阶段去寻找救援，帮助你们化解烦恼、提升意识层次。"

图特又强调："这也就是说，如果有时候你无法体会到'本来无

一物'的境界，'时时勤拂拭'还是派得上用场的。"

　　幸雄和向东恍然大悟，真诚地向图特道谢，也谢过了阿凸。

　　图特搓搓手，开心地说："这次人类意识提升的实验，可以说是相当成功，你们两位尤其可以作为典范。华人人口众多，如果少部分人的意识能够提升，对整个地球就有相当重要的影响。"

　　图特欣慰地看着两人，又继续叮咛："你们回去要试着帮助周围的人，让大家也能跟你们一样，逐渐看清这个世界的真相，或者说，幻象！"

　　幸雄和向东对看一眼，不约而同地问："那我们可以从哪里开始呢？"

　　图特哈哈一笑，促狭地说："你们可以从素食开始！"

　　"速食？"幸雄惊讶地问，"你不是最讨厌我们地球的速食文化？"

　　"不是啦，"图特无奈又好笑地说，"是素食，素净的素。"

　　幸雄一听到素食，差点从椅子上掉下来。"素……素食？这跟意识提升有什么关系啊？"

让心头的能力自由自在地流动，只是纯然地观察它们，不加任何标签或想法。

42

亲爱的，我们上了图特的当了

拯救地球的生命游戏玩家

你们在玩个人的生命游戏时，地球也配合你们玩一个
游戏，就姑且称之为"地球游戏"吧！

"当然有关。"图特严肃地说，"意识层次比地球人类高的其他
生物，全都是吃素的。这还不重要，重要的是，看看你们的地球吧！再
这样污染下去，你们就要失去家园啦！"

"不、不会这么严重吧？！"向东沉声问道。

图特正色地说："由于温室效应，你们北极的冰层会在几年内全
部融化，到时会为地球带来不可想象的灾难。而污染地球最严重、造成
温室效应的最大罪魁祸首之一，就是畜牧业和养殖业——为了人类的口
腹之欲而饲养动物的行业。"

幸雄愣愣地看着图特，好像在听天方夜谭。

"但是，"图特停顿了一下，"吃素是非常个人的事，绝对不要
勉强。你们也不要一回去就敲锣打鼓地强迫周围的人都要吃素，重要的
是宣扬肉食对地球造成的破坏，以及为人类健康带来的威胁，这样就可

以了。当然，"图特强调，"你们要在生活中身体力行在这次太空实验
中学到的东西，成为其他人的榜样，做个精彩、杰出的宇宙玩家！！"

幸雄兴奋地大叫："宇宙玩家？哈！我喜欢！"

向东看到幸雄如此忘形，不禁也兴奋起来。两人带着充满希望的
心情，再次真诚地谢谢图特。

看着窗外的满天星斗，向东和幸雄心里明白，他们永远不会忘记
这一趟太空之旅。

"太空之旅真的结束了吗？"周末的下午，女儿去同学家参加生
日会，向东一个人在家，不明白自己为何还是觉得若有所失。

突然，她的手机响起短信的铃声。她一看就笑了，是幸雄传来
的："亲爱的，我要送一份礼物给你，你赶快把家里的地址告诉我。"

向东把地址传给幸雄，心里想，不知道这家伙葫芦里又在卖什么药。

不久之后，门铃响了，向东开门一看，门外站的居然是幸雄。

让幸雄进来以后，向东吃惊得说不出话来："你……你……不是
要送礼物吗？"

幸雄笑着说："是啊！我就是那个礼物啊！我们餐厅的几个合伙人决
定要来北京开个素食餐厅，而我就是他们的驻京办主任啦！哈哈！"

向东笑得灿烂如花，幸雄忍不住把她抱起来，在客厅当中打转。
向东在幸雄怀里开心地手舞足蹈，往窗外一看，窗前那几棵树的树梢已
经冒出嫩绿色的叶子，啊，春天已经爬上北京的枝头了！

"黄庭！黄庭！我的黄庭受不了啦！"向东在幸雄快速的旋转下

已经晕了。

"就跟它好好地在一起，不要抗拒，不要有'昏'别心。" 幸雄学着张讲师的台湾口音，不疾不徐地回答。

北京盛夏的周末傍晚，向东和幸雄两人依偎在沙发上，甜甜在一旁开心地堆着积木。甜甜堆了一栋特别高、特别陡的楼房，然后叫道："爸爸、妈妈，你们看！"

向东和幸雄还没结婚，只是幸雄认甜甜做干女儿啦。两人转头的同时，积木应声而倒。甜甜呆了一下，还没来得及选择如何反应，向东就笑了，幸雄也跟着笑，甜甜看着爸爸妈妈的表情，也开怀地笑了起来。

"没事，没事，"向东安慰她，"倒了就倒了，我们再盖一栋！"

幸雄好像有什么东西被触动了，低头沉思。突然间，他抓住向东的手叫道："亲爱的，我们上当了！"

向东无可奈何地看着幸雄，不知道他又吃错什么药了："上什么当啊？"

"图特说这个世界是我们的游戏场，是我们创造的，可是他却一本正经地叫我们要保护环境、要吃素，还说什么他们来拯救地球，免得我们人类把地球毁了，这不是自相矛盾吗？"

向东也如大梦初醒："是啊，说我们是无所不能的灵体，结果搞到连地球都混不下去了！"向东跟幸雄在一起久了，说话也愈来愈直白。

两人正在懊恼之际，电视荧幕上突然出现图特的影像，他还在哈哈大笑呢！

　　甜甜吓了一跳，投入妈妈的怀抱。

　　"两位好！"图特愉悦地跟幸雄和向东打招呼，"哦！应该说三位好！甜甜你好！"

　　幸雄愣在那里说不出话来，还是向东反应快："图特老师，我们正要找你呢！"

　　"可不是嘛，我耳朵痒了！"图特扇了扇他那一对招风大耳。

　　幸雄这才回过神来，"你听到我们的问题了？"

　　"嗯，是的，呵呵！"图特忍俊不禁。"你们很聪明啊，虽然拖了这么久才看出这个矛盾，也不错了啦。"他还是很赞赏两人。"你们玩人类游戏是自己玩，但就像网络游戏一样，也有游戏是两个人玩，甚至多人玩的，不是吗？"

　　幸雄点点头，想起自己那段沉迷电玩的日子，好像是上个世纪的事了。

　　"你们在玩个人的生命游戏时，地球也配合你们玩一个游戏，就姑且称之为'地球游戏'吧！"图特好整以暇地说，"地球游戏的上半场，就是要看看你们这些在这个地方玩生命游戏的地球人，究竟可以把地球整到什么地步——破坏生态、耗尽资源、倒行逆施。"

　　聪明的向东接口："而下半场就是要看我们这些不断回来玩个人游戏的玩家，能否拯救地球免于毁灭的命运？"

　　图特哈哈一笑："你果然聪明啊！"夸完向东，他又继续说下去，"参与这个游戏的玩家正要开始积极拯救面临极大危机的地球，而你们就在这个节骨眼上！"图特又说，"你们两个人做得很好啊！加油吧！我们有缘再见啊！"语毕，图特竟然立刻消失了。向东和幸雄大吃一惊，连忙叫道："图特，图特老师！你什么时候再回来看我们啊？"

电视荧幕又突然出现图特毛发稀疏的光头："别忘了，我也是你们创造出来的啊，哈哈哈！"

笑声还在房里回荡，可是图特这次真的走了，向东和幸雄怅然若失。

甜甜天真地问："那个叔叔是谁啊？他长得好怪哦！他说的是什么游戏啊？我可以玩吗？"

幸雄回答："那个叔叔是电视里面的假人，不是真的。他说的游戏你已经在玩了啊！"

说完，幸雄把甜甜抱起来，举得高高地在空中绕圈："就这样玩，开心地玩！尽情地玩吧！哈哈！"一家三口同时大笑。而他们的笑声中似乎加入了图特的笑声，在这个小空间中荡漾开来。

关于自我疗愈 / 关于亲密关系 / 关于你和他

张德芬
心灵疗愈
20问

关于自我疗愈

关于亲密关系

关于你和他

关于自我疗愈

心灵
问答 *1* ┃ 总是有莫名其妙的恐慌感。

问：最近，我总感觉莫名其妙地焦虑，常常有恐慌的预感，
整日忧心忡忡、心烦意乱、坐卧不宁，也不知道什么原
因，我自己分析主要是每天重复同样的工作，很心烦，
觉得生活没有任何意义。

给亲爱的你：

　　恐慌和焦虑是因为你没有与自己的内在智慧建立一种
正确的关系。你的灵魂，或是说你内在更高的智慧，想要
指引你往不同的人生方向走，可是你忽略它的声音，还是
日复一日、庸庸碌碌地过着毫无意义的生活。你有没有在
夜深人静的时刻倾听自己内在的声音，听听它想要表达什
么？你有没有在一个不经意的片刻觉察到自己内心深处的
渴望？如果你一再忽略它们，你就会感觉到失落与悲伤，
如果你压抑你的这些情绪，你自然会感受到恐慌和焦虑，
因为有一股强大的、负面的情绪暗流在你的内心，你不让
它们浮上表面，它们就会以恐慌和焦虑的方式呈现。

　　建议你在平时多找时间接触自己的内心，安静下来，什么都不要想，找个没人的地方和自己好好相处，听听你的内心深处到底要跟你说些什么。同时，在生活中，你也要注意哪些人、事、物是能够让你快乐和喜悦的，你要特别拨出时间来接触它们。从你的自述上看来，你的工作没有能够滋养到你的心灵，所以你也许要考虑在工作上试着去找到乐趣和意义，如果真的都没有，那你可能要考虑换工作。不要因为惰性和对未来的恐惧而失去了生活的乐趣和意义。你的状况就在告诉你：你需要采取行动了！

**心灵
问答 2**　　如果我们是完美的，那是不是意味着我们啥也不用做了？

　　问：有人告诉我说要爱此刻的自己，告诉自己很好、很棒，不需要做什么改变的时候，我很困惑，我想这是在告诉我要活在当下，接纳现在的自己。但如果要告诉自己不需要做改变，我觉得很矛盾，因为我就是觉得自己不够好才要看书，才要学习成长的方法的，如果让自己觉得自己很好，不需要改变的话，那是否意味着什么都不用做了呢？

　　给亲爱的你：

　　　　你是完美的吗？所有的心灵成长类书籍和大师都告诉我们：我们是完美的。可是我们怎么感觉不到呢？我的书《遇见未知的自己》里面有说到，我们从小的生长环境、所受到的教育，在我们的身体、思想、情绪以及对外在世界的认同等各个层面上制造了太多的伤痛，让我们看不见自己的完美。

　　我们看到的是：我是懒惰的、自私的、无用的、无价值的，等等，反正所有你自己或别人为你贴上的标签，都烙印在我们的内心之中。在意识的层面，你会承认吗？你当然会否认。我怎么懒惰了？那是因为××，我才不懒呢！或是表面说，我懒惰，那又怎么样？但我们自己在心里却是抗拒、排斥自己的懒惰的。

　　就是这种对自身缺陷的排斥和抗拒，让我们更加远离自己的中心，让我们看不见神——也就是自己内在的真我。所以我们要做的就是：接纳自己所有的面向，真正的臣服、接纳，然后，这股平和的能量就能穿越种种障碍，让我们找到那个真正的自己，也就是完美的自己。

　　我不建议用肯定句来催眠自己，因为光是"补"，没有"泻"，怎么补得进去呢？"泻"就是要让自己内在的那些黑暗的东西能够见到阳光（带到意识层面上），更重要的是，获得你的接纳。要知道，你最不想面对的自己内在的那一部分，正是能够带你回家的最佳工具。

　　所以，你是什么都不用做的，只是要去"看见"和"接纳"，但这已经够你忙的了！

心灵
问答 **3** 要怎样才能爱自己？

问：我总感觉不够爱自己，那要怎样才能爱自己呢？

给亲爱的你：

除非你知道这一世只是你作为永恒灵体在时间中旅行的其中一世，否则你很难去爱自己。你人格所有的面向，好的坏的，都与你的本性无关，它们都只是你在物质世界旅行时选择去表达的面向。想要快乐并接纳自己，你需要和自己的阴暗面为友，看到自己身上那些惹人讨厌的不堪部分，以爱心和慈悲对待它们，就像对待自己的孩子一样。

所有的负面，包括虚荣、嫉妒、脆弱、虚伪、黑暗、报复、仇恨都只是我们二元性人格一边的面向而已，当你承认、坦白、接受它们，它们就会向你展露你自身另一面的美好——纯洁、善良、完美的那个部分。经由看见、接受、坦承自身的恶，我们才会认识、体会、活出自己的善。

**问：我对未来感到很迷茫，请问，我到底要怎样才能知道自
己要什么？**

给亲爱的你：

　　我觉得要知道自己要什么，我们先要去体会自己的
心和脑的不同。有时候，我们觉得自己做出了一个理性的
抉择，但是后来事情发展得不尽如人意。所以我们要做的
是：英文叫"follow your heart"，跟随你的心。我们的
脑子里面充斥了太多来自家庭、学校、社会和朋友从小便
灌输给我们的"应该"，所以常常失落了与自己内在的沟
通，因而不知道自己要什么。

　　其实，最简单的检验方式就是去看你的感觉。你喜爱
的东西，能带给你由衷的快乐和喜悦的，就是你真心想要
的。那个会让你怦然心动、呼吸加速、亢奋不已的东西，
就是你想要的。有些人和自己的情绪都脱了节，感受不到
自己的喜怒哀乐了。这时候，你可以多注意自己的生理反
应。如果想到一件事情就皱眉头，或是胃部不舒服，那么
你就知道你的心不在此处；如果你想到某件事时觉得心头

暖暖的，甚至有种轻松的感觉，那这就是你想要的了。

　　总而言之，检验标准之一是情绪，之二是身体。另外，如果你对自己不了解，你怎么可能知道自己到底要什么呢？了解自己，这是一段漫长的旅程，你有一辈子的时间，不着急的。

心灵
问答 5　为什么老是想着去拯救别人？

　　问：每次自己有什么成长的收获后，我都很想去拯救别人，
　　　　时间长了会很烦自己，为什么老是想着去帮别人呢？

　　给亲爱的你：

　　　　帮助别人是助长小我的一个方法。当我们帮助别人时，我们有个错觉：我比你好，所以可以帮助你，而且我们可以暂时忘却自己的烦恼：因为人家比你还糟糕呢！当我们看清楚这一点后，我们还是可以帮助别人的，但是动机可能不一样了。

　　　　另外，我感受到很多人小时候很想拯救父母（父亲或母亲一方），可是他当然拯救不成。于是长大以后，会不由自主地想去拯救别人，来弥补童年的遗憾，这都是小时候的行为模式。其实，我们的内在有一个很可怜

的内在小孩需要我们去拯救，我们常常忽略他，于是这个动力就会导向外在，去拯救其他的人。

怎样让内心和外在的身体处于一致？

　　问：怎样让自己的内心和外在的身体处于一致呢？我总是心里一个想法，可实际做的时候，却不一样。

　　给亲爱的你：

　　　　我们常常做出身不由己的事情，或是无法控制自己的思想，这是因为大部分时候（对很多人来说是完全），我们都是由无意识在操控的。所以灵性成长这条路，就是要帮助我们去翻开无意识里面的一块块"石头"，看看到底是哪些信念、哪些模式在控制我们的行为，进而控制我们的一生。所以，我的书，从《遇见未知的自己》到《活出全新的自己》，就是在帮助大家做这样的练习。

　　　　想要了解自己，不是光靠读一本书就可以的，你必须要实践、操作书上教的那些方法，试着在生活中的每个片刻去实践。只是坐在这里痛苦是没有用的，一定要起而行之！

　　另外，让身心一致的最好方法就是锻炼，你更多地掌握自己的身体就能更多地掌握自己的行为。当然，意识觉知的加强也很重要，我曾说过，各种好的锻炼，包括做礼拜、打太极、练气功、打坐、站桩、瑜伽、念经、持咒、祷告、听灵性音乐、和自己或大自然在一起，都可以帮助你提高意识的觉知，减少痛苦。

心灵
问答 **7** 怎样克服自己的自卑情结?

　　问：**别人越夸我，我就越胆怯；越说我好，我就越觉得自己缺点多，对不起这样的夸奖。我觉得很纠结、不舒服。怎样克服这种自卑?**

　　给亲爱的你：

　　我们每个人心里都住着一头"怪兽"，这头"怪兽"一直在威胁着我们，所以我们只要一看到它的踪影就立刻逃之夭夭。你心里的"怪兽"就是"我不够好"的自卑情结。

　　你说的问题都是自己内在的纠结，你听到别人称赞你，那头"我不够好"的"怪兽"就出来了，你就害怕，于是告诉自己，我缺点很多，我不够好，这样做就好像可以避免去面对心中的那头"怪兽"。你所需要做的，就是像《绿野仙踪》里的桃丽丝一样，有勇气去揭开帷幕后面的真相，看到荧幕上的那个大怪兽只不过是一个小老头。

　　你要鼓足勇气，当别人称赞你的时候，也就是那头"怪兽"出来的时候，不要用你现在的惯性模式去逃避，而是愿意看着那个人，真诚地说"谢谢你"。虽然你心里很不舒服，很不习惯，也许你脑袋里有千百个声音在呐喊："你不够好！他骗你的！他不知道你的真实面目！你的缺点他没看到！"你可以对这些声音微笑着说："我听见你们了。"然后回到自己的中心，找到那个微弱的、一直被你忽略的声音——"他说的是真的，我就是这么好。"然后去认可它、赞同它，这需要很大的勇气和觉知。你是愿意做自己惯性的奴隶，一辈子畏畏缩缩地在自卑的阴影下生活，还是愿意踏出勇敢的一步而做出改变？这是一个需要你做出承诺的决定。加油！

心灵
问答 *8*　非刻意的想象是一种祈祷吗？那祈祷是否也是一种逃避？

问：我对渴望事物非刻意的想象是一种祈祷吗？我常常困惑这样的想象是否是自己对当下的逃避。为什么我会经常想象自己被杀死的场景呢？我对待负面情绪的方式让我觉得有些迷惑了。

给亲爱的你：

　　你想象那些场面的时候，可以试着用正面的想象盖过去。想象被杀死的是"小我"，不是真正的自己。但同时，你也要去体察，为什么你对自己如此暴力？试着对自己温柔、慈悲一些。我们每个人都是心想事成的大师，你的想象超过16秒就会变成祈祷。

　　"当下"是什么？当你与自己的源头连接的时候就是当下，任何其他把我们带离自己源头的东西就都是对当下的一种抗拒。负面情绪不是要你去"杀死"的，那就请求光和爱这种高振动的频率来整合这些低振动的频率吧。

关于亲密关系

如何与超级强大的人相处?

问:如何与"小我"超级强大的人相处,尤其当这个人是你的至亲,碰到一生无法回避的状况时,我该怎么办?

给亲爱的你:

至亲的"小我"强大,他必定也触痛了你的某种模式。也许你先要去疗愈自己。但是在疗愈好自己之前,你可以不必制造太多与对方相处的机会。另外,我摘取《当下的力量》中的一段话与大家分享。

无论何时,当你注意到某种消极心态在你内心出现时,不要将它视为失败,而是一种有用的信号:"快保持警惕,远离你的思维,进入当下时刻。"

赫胥黎在他的晚年对灵性教导非常感兴趣,他写了一本叫作《岛》(*Island*)的小说。这本书描写了一个男子由于船失事而被困于岛屿中,从而与世隔绝。在这个岛屿上有一种独特的文明，岛上的居民有着与外界不同的健康心智。这个人注意到的第一件事就是，一些彩色的鹦鹉在树上栖息，它们似乎在不断地说："注意，此时此刻。注意，此时此地。"之后我们才知道，这些岛上的居民教鹦鹉说这些话，好不断地提醒自己保持临在的意识状态。

所以，无论何时，当你感到消极心态在你内心产生时，不管它是由外界因素，一个思想还是不知道的原因引起的，把它看成一种声音："注意，此时此地，请保持警惕。"即使是最为轻微的烦躁也有其意义，也需要被承认和观察；否则它们将会积累起来、变成未受观察的反应。如我之前所说的，一旦认识到你的内在不需要这种能量，并知道这种能量没意义时，你就能够把它丢掉。请确认它完全被丢掉了。如果你不能丢掉它，请接受它的存在，并将你的注意力集中在那个感受上。

摆脱消极心态的另一种方式是：通过把你自己想象成是透明的，来面对引发反应的外部因素，进而使它消失。我建议你一开始用微小的事情来做练习。比如你在家里安静地坐着时，突然街道上传来汽车的警报声。这时恼怒产生了，但是恼怒的目的是什么呢？没有目的。那你为什么要创造这种愤怒？你没有这么做，而是思维在这样做。它是自动的，完全无意识的。为什思维创造它呢？因为思维相信，抗拒，也就是你经历的消极情绪或不快乐的某种形式，也许可以消除你不喜欢的这种情境。这当然是幻象。思维所创造的抗拒，在上述例子中就是你的烦躁或愤怒，比它原来试图去解决的那个肇因还令人讨厌呢！

所有的这些都可以转化成灵修的途径。把你自己看成是透明的，而不是一个坚固物质的存在。现在，允许噪声或任何造成消极反应的东西穿越你。

这样，它们就不是在敲打一堵坚固的墙了。如我所说的，从很小的事情开始练习，比如，汽车的警报声、狗的吠叫声、小孩的啼哭声、交通堵塞等。不要在你的体内建造一堵坚固的抗拒之墙，而总是让那些你觉得它们"不该发生"的事件来敲打你。试着让它们穿越你。

当有人对你说一些粗鲁或攻击性的话时，不要产生消极的心态或做出无意识的反应，像防卫、攻击或撤退，而是要让它从你身上通过。不要去抗拒，就没有人会受到伤害。这就是宽恕。这样，你会变得坚强无比，如果你愿意的话，你还是可以告诉那个人，他或她的行为是令人无法接受的。这样，那个人不会再有力量来控制你的内心状态。然后，你就拥有了力量——不是别人的力量，你也不会被你的思维所控制。不管是汽车的警报声、粗暴的人、洪水、地震或是你所有财产的损失，这种抗拒机制都是一样的。

心灵
问答10 妈妈老干涉我的感情，怎么办？

问：我曾有一个很喜欢的男朋友，妈妈知道后非逼着我分
　　手，理由是他家是外地农村的。后来，妈妈以自己的标
　　准给我找了个男人，开始我不同意，她哭着喊着非要撮
　　合。我试着和对方交往后，发现那男孩人不错，刚有了
　　点好感，我妈又开始在我面前说那人坏话，说人家人品
　　如何不好，现在居然又托朋友给我介绍新男友……

给亲爱的你：

　　你母亲的心理问题在于，她在透过你活出她自己
的生命。她这样做当然不对，因为她虽然把你带到这个
世界上来，却没有尊重你是一个独立的生命个体。从小
到大她对你应该都是管头管脚、指手画脚的，什么都要
听命于她。你从小被剥夺了自主权，没有划清自己的界
限，所以让母亲一再地越权来侵犯你。

　　当你还是孩子的时候，你无能为力，现在你是成人了，
必须要学会建立自己内在的力量，收回自己生命的主控权，
否则，你在工作上会不断碰到压榨你的老板、剥削你的同
事，朋友也会利用你、不尊重你，当然，你的配偶一定会和
你的母亲一模一样地不尊重你，主宰你的生命和生活方式。

这个时候，你可以试着去温柔地、坚定地和自己的母亲或是爱人说：不！刚开始的时候，你会经历到恐惧，因为你面对母亲的时候，小时候那种依赖母亲生存的恐惧心理会浮现，但这是幻象，你不要被它吓到。

接下来，你会感到愧疚，因为你的母亲会不习惯百依百顺的女儿突然有了自己的意见，她会试图用威胁、哭闹，甚至生病等方式来夺回她的操控权。这时候你必须要坚定，但是可以充满爱地告诉她：妈妈，我已经长大了，你必须尊重我的生活方式，不可以这样干涉我的感情生活。如果你能学会面对自己的愧疚和恐惧，就能够逐渐收回你生命的自主权。

心灵
问答 *11* │ 如何跟"陌生"的爸爸妈妈相处？

问：我生下来就被亲生父母送人了，从小我就知道，也和亲生爸妈在联系，但是我接受不了，也没有叫过他们爸妈。直到今年我上了一些课程，老是说要找到自己的系统，接受自己的父母，头脑都知道，都明白，可是我的内在排斥，反而比以前更逃避了，让自己去叫爸爸妈妈很为难。

给亲爱的你：

现代人所有的心理问题都来自于自己内在的不成熟，不肯长大。你的内在小孩拒绝去面对现实，拒绝去原谅。如果你任由自己的"内在小孩"做主的话，就会出现这样的行为。你可以在你的内在找到一个成熟的、理想的父母的声音和特质，试着去滋养他们。一开始，你会很不习惯，因为他们的声音很微弱，你从来没有去培养他们。但是，如果你能够试着回观自己，在自己内在深处找到这个成熟的、负责任的声音，把它的音量调大，渐渐地，你会有更多的内在空间，总有一天，你会成为一个愿意为自己的命运负责的成熟人，而不是一个受伤害的小孩。

心灵问答12 ｜ 孩子非常胆小，怎么办？

问：我对孩子家教很严，要求他从小就必须遵守各项规矩。现在孩子上小学了，特别守规矩，但同时也胆小，缺乏创造力。这眼我的教育方式有关吗？如果是，我应该放松对他的限制吗？怎样做才能培养他的创造力？

给亲爱的你：

你有自知之明，知道自己严格的管制让孩子缺乏创造力。在你眼里，孩子是你的物件，你可以操弄他，要他按照你的方式生活、做事、呼吸，然后现在你又嫌他没有创造力，想要操弄他，让他有创造力。

讲到这里，我希望你不要自责。因为显然你是非常爱孩子的，你想要给他最好的，最安全的，所以会不顾一切地想要控制他。你的父母也许是这样对待你的，所以你就继续这么延伸到下一代去。或是你的父母没有这样对待你，让你觉得有缺憾，所以你要尽力去做好一个妈妈的角色。这些都是捆绑你手脚，也捆绑你孩子的人生程序，你要亲眼看见它的错误和失败，进而愿意改进，放你孩子自由。

出于恐惧感，对这个世界的不安全感，还有无知与盲目，我们想要控制我们生命中的一切，以为这样可以规避风险，保障安全。但是你仔细看看，好好想想，这是真的吗？这样真的就保障安全了吗？你会发现，也许某个部分安全了，但是另外一个部分又出问题了。就像你的孩子，我相信你的严加管教让他有很多恐惧，因此造成了他的胆小和缺乏创造力。但反过来说，也许这是他的天性，你却无法接受他，还想改变他。

谁说孩子一定要大胆，一定要有创造力？你是教育孩子的大师吗？你说的、你想的就一定是正确的吗？如果你能停止自己对孩子的控制，让他自由地做他自己，也许你会惊喜地发现他其他美好的特质，否则这样下去，你是在残害孩子。

心灵问答13｜对孩子是否可以报忧？

问：生活中总会发生很多不好的事情，那作为父母，我们是否可以对孩子报忧？

给亲爱的你：

我的看法是：视情况而定。如果孩子的心智够成熟，到了一定的年龄，是应该让他们参与知道一些家庭危机（姥姥生病、爸爸工作有问题、我们可能会搬家等），但是家长的态度要理智而明确，这样可以带领孩子学习在面对危机时，应该用什么样的心态去从容面对，并做好准备。这完全要看家长本身的成熟度和接纳不如意事情时的宽容度，才能做好这项工作。如果家长本身还在惊慌失措，那就别告诉孩子这件事，免得加重他们的心理负担。

另外，有些家长会把孩子当成垃圾桶，把上一代的恩怨（像婆媳之间的问题等）絮絮叨叨地说给孩子听，最恶劣的就是在孩子面前抱怨自己的配偶，把自己的苦水往孩子身上倒，加诸负面能量在孩子身上，那孩子心里受到的创伤是无法弥补的。

过早把自己的忧愁、痛苦向孩子倾诉的父母，会造成孩子以下的问题：

1.孩子是很愿意为父母分担忧愁的，但是毕竟年纪太小，做不了什么，所以父母的倾吐会变成他们沉重的负担，而且充满无力感，进而会导致孩子觉得自己没用。

2.孩子都想拯救父母，看到父母的哀愁，他们会用各种不同的方法来帮助父母，有的用偏差行为（离家出走、逃课），有的用生病（是的，孩子有办法让自己生病）来缓和家里的气氛，转移注意力。

说来说去，如果你爱你的孩子的话，还是那句老话：把自己修好。你快乐了，你有处理困境的能力了，孩子都看得见，都能够向父母学习。这是很大的修行动力吧！

心灵
问答 *14* ｜ 孩子到底该不该赞美?

问：我的父母从小就不断地告诉我有哪些缺点要改正，所以我
　　一直都很自卑，很需要别人的赞扬。现在，我就经常不断
　　地赞美我的小孩，我希望他能够变成一个自信、健康的孩
　　子，可是，我看到您在文章中说："从小她父母就不停地
　　赞美她多乖、多懂事，没想到这对一个孩子来说也是一种
　　伤害。因为，为了要符合父母的期望，达到他们的理想以
　　赢得或是'符合'他们的赞美，她的童年其实提早结束
　　了。"我又有点困惑了。那到底应该怎么办呢?

给亲爱的你：

　　当你赞美孩子的时候，是否有一个隐藏的议题——
希望他能够因为你的赞美而更加努力、表现杰出? 如果
你只是以他本然的样子接纳他，因而赞美他，这是没问
题的。不要把赞美当成操控孩子的工具，把孩子当一头
驴，前面给他挂个胡萝卜，这是一种伤害。还有，亲爱
的，你在父母身上看到的那些特质，其实你都有，只是
被你压抑了。贪、嗔、痴也没什么不好，但是当你压抑
它们、拒绝它们的时候，它们反而会在你的生活中制造
问题。

心灵
问答15 非常讨厌一个同事，怎么办？

**问：办公室里有一个同事，总是一脸不高兴，说话特别臭，动
不动就抱怨，贬低这个、攻击那个。实际上，他对我还算
友好，但我非常讨厌他，我这是怎么了？**

给亲爱的你：

人与人之间的交往不是看表面的，而是看能量。
这个人携带的能量你不喜欢，所以下意识地排斥、讨厌
他。他的能量可能和你的母亲或是父亲近似，而这样的
能量是曾经带给你（甚至是现在进行式）很多伤害的，
所以你看了他就不舒服。

另外一个可能就是"阴影"的投射，你自己内在也
有这些缺点，你很不喜欢，所以压抑下去，以为自己已
经没有这些毛病了，没想到在别人的身上看到，所以格
外愤怒、憎恨。

如果是第一种情形，那就表示你内在那个受伤的
"小孩"被触动了，你需要在每一个被触动的当下，在
心里好好安慰、照顾那个受伤的"孩子"。你只要把注
意力转到自己身上，对自己心里那个受伤的脆弱部分说
话，安慰、鼓励它，就会慢慢平静下来。这样你也许就

可以从一个更客观、公平的角度来看待你的同事，看到他的痛苦和不安全感，也许你会升起慈悲心，对他有份怜悯。

如果是第二种情形，你可以参考我在这本书上介绍的整合阴影的方法，学习接纳自己、承认自己，这样就不会把自己内在的东西投射在别人身上。这个世界的人、事、物都是一面镜子，映照着我们的内在。勇敢地为自己的内在感受负责，是非常重要的。

关于你和他

心灵问答16 累了，对爱又渴望又害怕？

问：我现在28岁了，但我总是不敢去爱，害怕打开心扉。一察觉到别人对我有点好感，我就情不自禁地逃避。我一直对自己说要勇敢，但就是控制不住地想躲开，觉得这样很累。

给亲爱的你：

亲爱的，我可以理解你内在的矛盾，又想爱，又怕受伤害。这是你潜意识和表意识在相互斗争。我建议你试着多去了解自己，《遇见未知的自己》将潜意识和意识之间的关系剖析得很清楚。如果你不了解自己，你怎么知道自己真正要的是什么？借由找回更多的自己，你会对自己的人生有更多的安全感，因此也愿意去冒一些险，而真正的祝福和收获都是要愿意舍，才能得的。

你会害怕亲密关系，其实是你潜意识里的一种人生模式在作怪，这种人生模式来自于你小时候的一个决定。你可以去研究一下你父母之间的关系，有时候，父母的关系不好，孩子看在眼里可能会做一个不理性的决定：我这辈子都不要结婚，免得碰上这样的人或事。还有一种可能就是，你小时候被父母一方遗弃或疏离，呈现的方式可能是父母离异，一方远行到外地工作，或是早逝，你可能觉得被背叛或离弃，因此小小心灵做了个决定：我不要再经历这样的痛苦，所以我不让任何人再来靠近我，不给他们机会伤害我。

于是你就关闭心门，拒绝亲密。如果知道自己有这样的模式，你可以去认识它、觉察它，把它带到意识表面上来疗愈它。这是你人生中的重要功课，也是一个极大的礼物，顺着这根"藤"摸下去，你会摸到人生的头彩——找回真实的自己。当然，良好的亲密关系、顺利的事业等更是不在话下，祝福你！

心灵问答 17 | 她甩掉的男人，却介绍给我。

问：我有个死党是从小一起长大的，感情很好。但最近她有个怪癖：喜欢把自己甩掉的男人介绍给我做男友，这让我很气闷。如果我不从命，她就说我不识好人心。我是该跟她谈谈，还是直接放弃这个朋友？

给亲爱的你：

　　人与人之间的交往很多都取决于能量的问题，所以，你光从表面上下手来解决问题是没用的。跟她谈，她只会觉得你不识好歹，直接放弃这个朋友很可惜，而且你在未来还是会碰到类似的情形，不能每次都用放弃来解决。

　　我觉得你要回观自己内在的感受，当她这样做的时候，你的感受是什么？气闷？觉得自己不如人？这是心虚、没有底气的表现，所以她的能量就压过了你，让你处于下风。因为在你的内心深处，你觉得自己的确不如她。如果你能看到自己有这样的想法，愿意跟自己说，我不比她差，我会找到我喜欢的人。建立这样的信心之后，下次她再试着丢她的"二手货"给你时，你可以直视她的眼睛，告诉她说，"我不想接受，请你停止这种行为，我不喜欢。"

很多时候，我们说什么都无关紧要，关键是我们在说的时候的能量和底气。如果我们自信满满，坚定不移，对方感觉得到我们的能量，他们就会尊重我们。否则，你就是一棵"摇摆树"，随便让别人推来倒去的，无法稳住自己的一片天地。

刚开始的时候，你这个从小一起长大的死党可能很不习惯。她已经把你定型了——一个没有自信，可以随她摆布的人。所以，也许你的改变会让她受伤，因而愤怒。这个时候你还是要坚持，毕竟你不想要你的朋友一直这样对待你，大不了她就是不和你来往了。如果你能坚持做自己，新的自己，你会赢得她的尊重，你们的友谊会更深厚。如果她不习惯这个改变后的你，那只能说再见。因为她喜欢的可能是你们的相处模式（她尊你卑），而不是真正的你这个人。

所以，该怎么做的决定权在你手里。祝福你能够成长，活出不一样的自己。

心灵问答 18   为什么我总遇不到爱我的男人？

问：我有个困惑，家里总是催我结婚，总是给我介绍相亲对象，
我真的很讨厌相亲这种方式，觉得两个陌生的男女为了婚恋
的目的坐在一起，简直侮辱爱情。我有时候真的想不明白，
我也不差，怎么就遇不到一个爱我的男人呢？

给亲爱的你：

　　亲密关系有障碍都跟你与原生家庭之间存在的问题
有关，尤其是你与母亲之间的关系。你与父母之间的问
题没有解决，那你就很难敞开心去爱。你发射不出爱的
振动频率，当然也无法吸引好的男人过来。所以，你必
须先疗愈自己，才能谈亲密关系。这是你灵魂为你带来
的功课，你可以选择浑浑噩噩地继续这样无意识地过下
去，或者你可以选择成长，获得人生的智慧。祝福你！

　怎么判断那是不是真爱?

问：我们怎么去判断这个人是真的爱，到底什么是真爱? 怎么判断是真爱，还是"小我"的依赖感，对失去的恐惧?

给亲爱的你：

怎么判断对一个人是不是真爱，也是分辨这是不是"小我"用于满足自我的工具。我曾经去上过一堂关于亲密关系的课，课上的老师讲得就更直白了，他说亲密关系就是两个人各取所需，你可以满足我的需要，对方觉得可以满足他的需要，然后双方就签了一份"合约"，我会满足你的需要，你也要满足我的需要，像一个不成文的规定。所以当我们的配偶做出一些事让我们失望的时候，我们就会觉得他怎么可以这样对我。

关于真爱，说实话，要在人间找到真爱，很难，因为真爱是没有对立面，是在任何情况下，你都要能够爱对方。

《我需要你的爱，这是真的吗? 》一书的作者拜伦·凯蒂看爱看得最透彻。她说，有一次，她坐在一个快要离世的癌症朋友身边守护着她。她的朋友看着她说："凯蒂，我爱你! "

凯蒂摇摇头说："不，你不能说你爱我。除非你能爱你的癌症，否则你不可能爱我。因为，不管你是因为什么不喜欢你的癌症，如果有一天，我重复了那个原因，我就会像你的癌症一样，被你厌恶。我只要挑战了你的价值观，对你的要求说'不'，没有满足你的期望和需求，你就会停止爱我了。"

所以，我们不能说真正爱一个人，就像《当下的力量》这本书的作者说的，人间所谓的爱都是有正反两面的，真正的爱没有对立。我们说的爱就像是一个钟摆一样，在爱和恨之间摆荡。你这个时候觉得自己很爱他，假如你发三条短信跟他说"我爱你"，如果他没有回应，你马上就生气了，埋怨对方为什么不回一个"我也是"呢，这样慢慢地，情绪就会转变成怨，甚至是恨，所以真爱，我觉得找到很困难。

心灵问答20　自觉羞辱，却又无法停止打电话给他。

问：我很恨自己，看不起自己，被男人拒绝接电话，还是不停地打，真的感到十分羞愧。没想到自己会是这个样子。

给亲爱的你：

我们所有的情绪问题，甚至人生的所有问题，都来自于"不接受"。也许当你真的接受自己的这种行为之后，就不会再这么做了。当然，你自己的自我价值是需要提高的，所以除了寻求一些心灵成长的协助（上课、冥想、瑜伽等），建议你看一些书，做一些让自己有成就感的事，把注意力放在别的地方，在生活中做一些实际的改变（搬家、换工作、旅行等），也可以去学习一些新的技艺，培养一些雅好。

　　另外，你需要看清楚自己像一个五岁的、索求无度的、脆弱的、讨爱的"小孩"，这是你的行为。如果你能接受这个孩子，把她抱在怀中安慰她，她会好过很多。情伤都是需要一段时间去疗愈的，你是否可以允许自己有一段这样的过程，不去批判自己、责备自己，如果你都不支持自己，谁支持你呢？

图书在版编目（CIP）数据

活出全新的自己 / 张德芬著. —— 长沙 ：湖南文艺出版社，2016.5
ISBN 978-7-5404-7535-2

Ⅰ．①活… Ⅱ．①张… Ⅲ．①人生哲学－通俗读物 Ⅳ．①B821-49

中国版本图书馆CIP数据核字(2016)第054315号

上架建议：心灵成长·励志

HUOCHU QUANXIN DE ZIJI
活出全新的自己

著　　者：张德芬
插　　画：范　薇
出 版 人：刘清华
责任编辑：薛　健　刘诗哲
监　　制：蔡明菲　潘　良　刘　丹
策划编辑：张小雨
特约编辑：田　宇　刘　频
营销编辑：刘宁远　李　群
封面设计：面　团
版式设计：李　洁
出版发行：湖南文艺出版社
　　　　　（长沙市雨花区东二环一段508号　邮编：410014)
网　　址：www.hnwy.net
印　　刷：天津市豪迈印务有限公司
开　　本：880mm×1270mm　1/32
字　　数：160千字
印　　张：8
版　　次：2016年5月第1版
印　　次：2019年1月第6次印刷
书　　号：ISBN 978-7-5404-7535-2
定　　价：38.00元
质量监督电话：010-59096394
团购电话：010-59320018